Zur Interpretation der Orgelmusik Max Regers

Mit Beiträgen von
Hermann J. Busch, Bernhard Haas,
Susanne Popp und Heinz Wunderlich

Herausgegeben von
HERMANN J. BUSCH

1988
Merseburger

119. Veröffentlichung der Gesellschaft der Orgelfreunde

CIP-Titelaufnahme der Deutschen Bibliothek

Zur Interpretation der Orgelmusik Max Regers / mit Beitr. von Hermann J. Busch . . . Hrsg. von Hermann J. Busch. – Kassel: Merseburger, 1988

(Veröffentlichung der Gesellschaft der Orgelfreunde; 119)
ISBN 3-87537-226-3

NE: Busch, Hermann J. [Hrsg.]; Gesellschaft der Orgelfreunde: Veröffentlichung der Gesellschaft . . .

Edition Merseburger 1537

Druck: Vorländer, Siegen

ISBN 3-87537-226-3

Inhalt

Vorwort

Diese Textsammlung will dem Organisten Informationen, Arbeitshilfen und Anregungen für die Auseinandersetzung mit den Problemen der Reger-Interpretation bieten.
Quellen für die klanglichen und orgeltechnischen Vorstellungen des Komponisten sind zunächst die Instrumente, die ihm und seinem organistischen Vorkämpfer Karl Straube zur Verfügung standen, Regers „Orgelwelt". Ergänzend dazu will der Beitrag von Bernhard Haas modellhaft aufzeigen, wie Notentext und Satzstruktur im Blick auf die klangliche Realisierung ausgelegt werden können.
Welche Rolle Karl Straube beim Zustandekommen der Texte Regerscher Orgelwerke spielte, ist Gegenstand von Spekulationen gewesen, aus denen auch Konsequenzen für die Interpretation gezogen wurden. Soweit möglich, wurden die Quellen hierzu von Susanne Popp befragt. Karl Straube hat sich beim Reger-Spiel häufig nicht streng an den Vortragsbezeichnungen des Komponisten orientiert. Dies belegen neben seinen Neuausgaben die Eintragungen im Autograph von op. 52 Nr. 2 und die Erinnerungen seines Schülers Heinz Wunderlich.
Im Blick auf einige Spezialprobleme des Regerspiels werden die Vortragsbezeichnungen des Komponisten, seine eigenen Einspielungen und andere zeitgenössische Quellen erörtert.
Das Verzeichnis der Orgelwerke Regers eröffnet zusammen mit dem Literaturverzeichnis den Zugang zu weiteren Informationen zu Deutung und Wiedergabe.
Der Beitrag von Heinz Wunderlich ist in leicht veränderter Form aus den Mitteilungen des Max-Reger-Instituts, Heft 19, 1973, entnommen, alle anderen Texte sind Originalbeiträge.

Siegen, im November 1987 — Hermann J. Busch

HERMANN J. BUSCH

Die Orgelwelt Max Regers

I. Anfänge

Über die ersten praktischen Begegnungen des Knaben Max Reger mit der Orgel sind wir durch Lindners Biographie unterrichtet:

„In den Sommermonaten des Jahres 1885 wurde die ihrem Zwecke nicht mehr völlig genügende Übungsorgel der Königlichen Präparandenschule Weiden, an welcher Anstalt Regers Vater seit 1874 als Lehrer wirkte, abgebrochen und durch eine neue ersetzt. Aus dieser ausrangierten, im Holz- und Pfeifenwerke aber noch brauchbaren Orgel fertigte nun Vater Reger ein Zimmerinstrument, das dem kunstbeflissenen Sohne künftighin bei seinem Orgelstudium dienen sollte. Bei diesem ebenso schwierigen als interessanten Umbau nun half unser Junge selbst eifrigst mit, und es mag für Vater und Sohn keine geringe Freude gewesen sein, als nach langem Studieren und Probieren, nach manch mißlungenem Versuch das Werk in seiner Verkleinerung als Hausinstrument endlich vollendet war und tadellos ‚ging'.

Oftmals habe ich da meinen beiden Orgelbaumeistern bei ihrer schwierigen Arbeit zugesehen und mich hierbei so recht überzeugen können, welch findige, ingeniöse Köpfe sie waren. Offenbar ist bei Reger dem Jüngeren durch diese wichtige Mitarbeit auch der Grund gelegt worden zu einer umfassenden Kenntnis des Orgelbaus, die ihm später bei seinen eigenen großartigen Schöpfungen für das hehre Instrument Cäcilias gar trefflich zustatten kommen sollte.

Als er dann im Herbst des nächsten Jahres (1886) in den ersten Kurs der Präparandenschule eintrat, hatte er sich auf dem häuslichen Übungsinstrumente bereits soviel Manual- und Pedaltechnik erworben, daß er dem normativmäßigen Pensum der drei Präparandenkurse gewachsen war.

Doch dies kleine Hausinstrument sagte dem jungen Feuerkopf nicht mehr recht zu, als er sich nach seinem Eintritt in die Anstalt nun auch auf der guten neuen Steinmeyerschen Orgel üben durfte . . .“ (Lindner 1922, 36).

Das von Vater und Sohn gemeinsam umgestellte Instrument gelangte nach dem Tode von Reger sen. als Geschenk in einen Bauernhof bei Weiden, wo es später von einem Weidener Arzt wiederentdeckt und als *„merkwürdiges Instrument, halb Orgel, halb Harmonium* [. . .] *roh gezimmert und halb verfallen“* beschrieben wurde (Stark 1923, 9). 1924 wurde es von der Regergesellschaft angekauft und im Regerarchiv Weimar aufgestellt (MMRG 4, 1924, 33). Seit 1956 befindet es sich, von Orgelbaumeister Gerhard Kirchner, Weimar, umgebaut, im Regerarchiv Schloß Elisabethenburg in Meiningen (Haupt 1985, 66).

Die *„gute Steinmeyersche Orgel"*, die 1885 in der Präparandenschule diesem Instrument folgte, und auf der Reger ab 1886 als Schüler übte, war das op. 251 der Firma und verfügte auf mechanischen Kegelladen über Gedeckt 8' und Salicional 8' im Manual und Bordunbaß 16' samt Pedalkoppel im Pedal (Frdl. Mitt. Orgelbaumeister F. Steinmeyer, Oettingen, v. 23. 3. 1981).

Bald konnte der junge Reger seine organistischen Qualitäten öffentlich unter Beweis stellen. Lindner berichtet:

„. . . als ich bemerkte, daß er gar zu gerne schon seine Kräfte auf der altehrwürdigen großen Orgel der Stadtpfarrkirche, an der ich Organist war, versuchen wollte, ließ ich ihn gewähren, ihn erst verschiedene Messen und endlich die ganze katholische Orgelliturgie beim Hochamt und in der Vesper spielen.

Da gab es freilich oft bedenkliche Schwankungen, wenn dem auch hier bald die staunenswerte Selbständigkeit bekundenden Spieler nicht alles so recht nach dem Kopfe gehen wollte, wenn die Sänger bei einem breit ausladenden Schluß oft nicht genügend ritardierten oder bei einem feurigen Gloria oder Hosianna nicht entsprechend ‚ins Zeug' gingen. Kein Wunder, daß unser kleiner Künstler für das größtenteils recht konservative Chorpersonal bald ein Gegenstand scheuer Bewunderung wurde, denn solch rasch erlernte Selbständigkeit auf dem schwierigen Instrument in so frühen Jahren war in unserer lieben Stadt wohl noch nicht dagewesen. Mit wachsender Herrschaft über Manual und Pedal – mein junger Stellvertreter hatte es durch rastlosen Fleiß nach und nach zu den Bachfugen Schumanns und Stücken von Bach, Mendelssohn und Liszt gebracht – wuchs diese Bewunderung, und jedermann hatte hier wohl das Gefühl, daß da ein Auserwählter, ein zu großen Dingen Berufener spiele.
Die Betätigung Regers als Organist seiner Heimatkirche dauerte drei Jahre, von 1886 bis 1889. In der Regel spielte er an den Sonn- und Festtagen im vormittägigen Hauptgottesdienst und in der Vesper. An den Wochentagen kam er seltener auf den Chor. Doch stand ich auch während der Sonn- und Feiertagsgottesdienste immer neben der Orgel und half ihm an kritischen Stellen mit registrieren, da die alte Orgel eine ziemlich schwerspielige Traktur und lange, schwer zu ziehende Registerhebel besaß" (Lindner 1922, 36 f.).
Die *„altehrwürdige, große Orgel der Stadtpfarrkirche"*, an der Reger nun drei Jahre lang einen großen Teil des Organistendienstes wahrnahm, wird von Lindner (39) so beschrieben:

HAUPTWERK C, D, E, F, G, A–d^3	
Prinzipal	8'
Hohlflöte	8'
Gamba	8'
Oktav	4'
Gedackt	4'
Oktav	2'
Mixtur 4fach	2'
Schiebekoppel OW/HW	
Pedalkoppel HW	

OBERWERK	
Gedackt	8'
Flöte travers	8'
Salizional	8'
Geigenprinzipal	4'

PEDAL	
Subbaß	16'
Oktavbaß	8'
Quint	5⅓'

Walter (1974, 127) nennt hiervon abweichend aufgrund von nicht näher bezeichneten archivalischen Quellen statt Quinte 5⅓' im Pedal im Hauptwerk Quinte 3' und im Oberwerk statt Geigenprinzipal 4' Fugara 4', das dortige Gedackt war danach 4'. Nach den gleichen Quellen stellt sich die Baugeschichte der Orgel so dar, daß Paul Koch und Hermann Raphael Rottenstein 1564/65 eine Orgel bauten, die 1791/92 von Andreas Bock, 1815 von Michael Weiss und Mitte des 19. Jahrhunderts von Ludwig Weineck umgebaut wurde, wobei das Gehäuse des 16. Jahrhunderts erhalten blieb. 1903 wurde in dieses Gehäuse ein völlig neues Werk eingebaut (s. u. S. 14f.).

Über Regers Improvisationen berichtet Lindner:

„*Was man besonders in den letzten beiden Jahren am Spiele Regers vor allem bewundern mußte, war nicht bloß seine ungeheure Gewandtheit im Primavista-Spiel (er nahm wohl niemals eine Messe zum Durchspielen nach Hause), sondern vor allem sein wunderbares Ingenium in bezug auf die Harmonik. Wenn er da an hohen Festtagen bei Beginn und am Schlusse des Gottesdienstes mit dem vollen Werke seiner unerschöpflichen Phantasie freien Lauf ließ, konnte man Akkorde und Akkordverbindungen von solch unerhörter Kühnheit vernehmen, daß es wohl vergeblich gewesen wäre, solche in einem der damals gebräuchlichen Lehrbücher für Harmonielehre zu entdecken. – Den Gipfel aber erreichte diese harmonische Rigorosität, nachdem sich mein Organist auch tief in die Tonwelt Richard Wagners versenkt hatte. Seine Improvisationen wurden da immer chromatischer, dissonanzengespickter und oft dermaßen tonreich beziehungsweise vollgriffig, daß mein armer alter Balgtreter trotz größter Anstrengung mittels der vier großen, teilweise schon defekten Schöpfbälge nicht mehr das nötige Windquantum herbeizubringen vermochte und manchmal nicht übel Lust zeigte, inmitten dieser grausamen Sisyphusarbeit auf und davon zu laufen*“ (Lindner, 37f.).

II. Sondershausen – Wiesbaden 1890–1898

Im Frühjahr 1890 nahm Reger das Studium bei Hugo Riemann auf, der damals als Lehrer für Klavier, Orgel und Komposition am Fürstlichen Konservatorium Sondershausen in Thüringen tätig war. Reger erhielt bei Riemann in allen drei Fächern Unterricht und studierte auf der Orgel „*zwei Bände Bach*“ (Lindner 1922, 67). „*Als Übungsinstrument diente ihm hierbei eine Orgel mit kleiner Disposition*“ (ebda., 65), über die nichts Näheres in Erfahrung zu bringen war. Die 1892/95 in Wiesbaden entstandenen Orgelwerke op. 7 und op. 16 zeigen Angaben, die sich auf eine stark besetzte zweimanualige Orgel beziehen, die in I über 16', 8', 4', 2', „*Mixtur etc.*“, in II über 8', 4', 2', im Pedal über 32', 16', 8', 4' verfügt, eine Erinnerung an die Orgel der Stadtkirche Sondershausen? Die Disposition des 1875 von J. Strobel, Frankenhausen, unter Verwendung der Vorgängerorgel des schlesischen Orgelbauers Christoph Junge erbauten Instruments (Busch 1973, 64):

HAUPTWERK		SCHWELLWERK		PEDAL	
Quintatön	16'	Lieblich Gedackt	16'	Principalbaß	16'
Bordun	16'	Geigenprinzipal	8'	Violon	16'
Prinzipal	8'	Lieblich Gedackt	8'	Subbaß	16'

Hohlflöte	8’	Flauto traverso	8’	Quintenbaß	10⅔’
Gedackt	8’	Salizional	8’	Oktavenbaß	8’
Gamba	8’	Fugara	4’	Violon	8’
Oktave	4’	Zartflöte	4’	Gedacktbaß	8’
Portunalflöte	4’	Spitzflötenquinte	2⅔’	Oktavenbaß	4’
Quinte	2⅔’	Oktave	2’	Posaune	16’
Oktave	2’	Oboe	8’		
Mixtur 5fach	1⅓’				
Cymbel 3fach	1’				
Trompete	8’	Koppeln: II/I, I/P; mechanische Schleifladen			

Im Herbst 1890 wechselte Reger zusammen mit Riemann an das Konservatorium in Wiesbaden. Der Konservatoriumsbericht für das Schuljahr 1890/91 bezeichnet Reger als *„Schüler für Clavier und Theorie“*, gleichzeitig aber auch als *„Lehrer für (Clavier) und Orgel“* (Reger-Konzerte 2, 253). Das Institut verfügte zunächst nur über ein Pedalklavier, auf dem Reger in einem Konzert am 24. Mai 1891 eine der Fugen über BACH aus op. 60 von Schumann vortrug (Reger-Konzerte 2, 256). In zwei Konzerten am 24. März 1894 und 14. Dezember 1895 trat Reger als Organist auf, in ersterem spielte er zusammen mit Eduard Diener dessen Andante religioso und eine vierhändige Fantasie von Adolph Friedrich Hesse.

Wesentliche Anregungen empfing Reger wohl vom Organisten der Wiesbadener Marktkirche, Adolph Wald, und seinem Instrument. In den Jahren 1892 und 1893 hat Reger nach dem Zeugnis eines Mitschülers auf dieser Orgel eigene Orgelkompositionen ausprobiert und sich auch mit *„Fantasien über evangelische Choräle“* beschäftigt (Briefe 1956, 51). Die Orgel war 1863 von Eberhard Friedrich Walcker erbaut worden, sie verfügte über Kegelladen mit mechanischer Traktur und Barkerhebel. Über die vorhandenen Spielhilfen, ihre Funktion und ihre praktisch-musikalische Bedeutung ist diskutiert worden (Busch 1973, 64 u. 67; dazu Walter 1973, 264, und Walcker-Mayer 1974, 35). Hier seien die Beschreibungen dieser Einrichtungen noch einmal zitiert. E. Fr. Walcker schreibt in seinem Opusbuch:
„Auch ist ein besonderer Vorzug, daß mittels eines leichten Fußtrittes jedes Manualwerk ganz willkürlich an das untere Klavier an- oder abgekoppelt und jede beliebige Zusammenstellung der Register und Klaviere mit einem Druck bewerkstelligt werden kann. Mit dieser Einrichtung käme auch der sehr wesentliche Vorteil für den Spieler in Verbindung, daß durch 4 besondere Kollektivzüge, welche mit dem Fuß dirigiert werden, augenblickliche Veränderungen in der Art gemacht werden können, daß mit dem I. ein Pianissimo, mit dem II. ein Piano, mit dem III. ein Forte und dem IV. das ganze Werk effektuiert werden kann, ohne daß die Register mit der Hand gezogen werden müssen. Außerdem habe ich noch ein Crescendo und Decrescendo inventiert, welche die Orgel eigentlich zum vollkommensten und großartigsten Instrument machen, erlaube ich mir auch, noch diese besondere Einrichtung vorzuschlagen.“

In der Urania (1863, 140) werden die Spielhilfen so beschrieben: *„Vier Collectivzüge, jeder à 10 Register, die durch die Füße in Bewegung gesetzt werden, effectuiren augenblicklich eine massenhafte Vermehrung der Tonstärke. Ein vom rechten Fuß zu dirigirendes kleines, mit Haken versehenes Metallrad bewirkt durch seine Umdrehung ein Crescendo und De-*

crescendo des Werkes; außerdem ist noch, wie schon oben eingeschaltet, das dritte Manual mit einem Jalousieschweller versehen. Durch einen anderen Fußtritt wird es möglich, die Register des zweiten Manuals für sich allein erklingen zu lassen, während man auf dem ersten spielt, eine äußerst praktische, namentlich bei der Coppelung beider Manuale anzuwendende Vorrichtung.“

Der Bericht in der Urania nennt auch die originale Disposition, wonach die Angaben bei Busch und Walcker-Mayer zu korrigieren sind:

I. MANUAL C–f³	
Principal	16’
Bourdon	16’
Principal	8’
Gedackt	8’
Doppelflöte	8’
Viola di Gamba	8’
Gemshorn	8’
Quint	5⅓’
Octav	4’
Flöte	4’
Salicional	4’
Quint	2⅔’
Octave	2’
Mixtur 5fach	2’
Scharff 3fach	1 1/3’
Fagott	16’
Trompete	8’
Clarinett	8’
Clarino	4’

II. MANUAL C–f³	
Gedackt	16’
Principal	8’
Flöte	8’
Gedackt	8’
Salicional	8’
Octav	4’
Flûte d’amour	4’
Rohrflöte	4’
Quint	2⅔’
Octav	2’
Mixtur 4fach	2’
Corno	8’
Vox humana	8’
(Tremolo zur Vox humana)	

III. MANUAL C–f³ (im Schweller)	
Geigenprincipal	8’
Gedackt	8’
Dolce	8’
Aeoline	8’
Traversflöte	4’
Spitzflöte	4’
Waldflöte	2’
Fagott/Oboe	8’

PEDAL C–d¹	
Grand Bourdon	32’
Principalbaß	16’
Violonbaß	16’
Subbaß	16’
Quintbaß	10⅔’
Octavbaß	8’
Salicetbaß	16’
Violoncell	8’
Gedacktbaß	8’
~~Aeoline~~	8’
Flötenbaß	4’
Posaunenbaß	16’
Trompete	8’
Cornettino	4’

KOPPELN:
II/I, III/I, III/II, I/P, II/P

Kollektivzüge:
T – ~~FF~~ – F – ~~MF~~ – P – PP
(auf alle Man. u. Ped. wirkend)

Generalcresc/decresc.

Das Wiesbadener Instrument wurde noch in den 1960/70er Jahren gelegentlich als „Reger-Orgel“ bezeichnet. Die Geschichte der zahlreichen Veränderungen erweist, daß dies eine Irreführung darstellte: 1900 wurde von Walcker die mechanische Traktur durch eine pneumatische ersetzt, 1929 besorgte die Fa. W. Sauer, Frankfurt/Oder, einen grundlegenden Umbau. Die Orgel erhielt elektrische Traktur und eine wesentlich veränderte Disposition mit 69 Registern auf vier Manualen. 1939 gestaltete die Fa. Walcker die Orgel im Sinne der

Orgelbewegung um, an die Stelle des 1929 gebauten Fernwerks trat ein Rückpositiv. 1970 erstellten die Gebr. Oberlinger, Windesheim, ein im wesentlichen neues Instrument mit 70 Registern auf elektrisch traktierten Schleifladen. 1982 wurde von der gleichen Firma ein erneuter Umbau vorgenommen, bei dem Rückpositiv und Brustwerk aus dem Jahre 1970 wieder entfernt wurden. Seitdem sind von 1863 neben dem Gehäuse noch ca. 25 allerdings z. T. stark veränderte Register erhalten.
Am 29. 3., 1. 4. und 5. 4. 1898 gab Karl Straube an der Orgel der Frankfurter Paulskirche, die sich noch in dem 1833 geschaffenen Originalzustand mit rein mechanischen Schleifladen befand, „*drei große populäre Orgelkonzerte,* [. . .] *mit großem Erfolge* [. . .], *die namentlich [die] technischen Mängel der Orgel in so evidenter Weise zu Tage treten ließen, daß eine daraufhin erfolgte spätere erneuerte Anregung zum Umbau der Orgel mehr Anklang und Entgegenkommen* [. . .] *fand*“ (Zeitschrift für Instrumentenbau 20, 1900/01, 342).
Zu den beiden ersten Konzerten fuhr Reger von Wiesbaden aus, das letzte, bei dem die Suite op. 16 auf dem Programm stand, konnte der Komponist krankheitshalber nicht mehr besuchen. Bei dieser ersten Begegnung schlossen Reger und Straube ihre enge persönliche Freundschaft, die für die Entstehung und Verbreitung von Regers Orgelmusik so außerordentliche Bedeutung erlangen sollte.
Ein Kontakt bestand zwischen den beiden schon wenigstens ein Jahr zuvor, als Straube am 4. 3. 1897 in der Berliner Dreifaltigkeitskirche op. 16 uraufgeführt hatte (s. S. 74f.).
Karl Straube wurde am 6. 1. 1873 in Berlin geboren, seine Mutter war Engländerin und hatte neben einer pianistischen Ausbildung weitreichende literarische Interessen, der Vater war Instrumentenbauer und Organist an der Berliner Heilig-Kreuz-Kirche. 1888 wurde hier eine der modernsten Orgeln Berlins aufgestellt, ein Werk der Fa. Gebr. Dinse, Berlin, mit 47 Registern auf drei Manualen und der in dieser Zeit noch ganz seltenen elektropneumatischen Traktur. Straube sen. lobte das Instrument mit sehr bezeichnenden Formulierungen: „*Diese Orgel gehört zu den vollendetsten Leistungen der modernen Industrie. Jedes musikalische Ohr wird durch die edle, volle und satte Klangwirkung auf das Angenehmste berührt, zur Andacht gestimmt und erbaut werden. Die Labialstimmen haben eine wunderbar weiche, anschmiegende Tonfarbe, während der Klang der Rohrwerke eine überwältigende und dabei doch abgerundete Tonmasse darstellt*“ (Catalog Dinse 1897, 6).

Im gleichen Jahr wurde Karl Straube Orgelschüler Heinrich Reimanns, der soeben Organist der Philharmonie geworden war und 1889 mit einem Aufsatz *Ueber den Vortrag der Orgelkompositionen Johann Sebastian Bachs* an die Öffentlichkeit trat, in dem er seine „modernen“ Auffassungen von Orgelbau und Orgelinterpretation vortrug. Sie richteten sich gegen „*eine Irrlehre, die man bezüglich des Vortrages Bachscher Orgelkompositionen geflissentlich verbreitet und in Wort und Schrift zu vertheidigen sucht. Dieselbe geht von einer ultrakonservativen Partei aus, welche jede Abwechslung in der Dynamik des Vortrages der Bachschen Orgelwerke, wie überhaupt Alles, was an unsere heutige Art, Musik zu hören und nachzuempfinden, erinnert, auf das Strengste verbannt und verfehmt*“ (Reimann 1889, 136).
Gegenüber diesem historisierenden Standpunkt vertritt Reimann eine rezeptionspsychologisch motivierte Position: „*Der musikalische Sinn ist mit der Zeit feinfühliger geworden,*

und man hat das unabweisbare Bedürfnis empfinden gelernt, daß dieser Feinfühligkeit in der Weise Genüge geleistet wurde, daß der Vortragende – ohne die historische Eigenart eines einer früheren Epoche angehörenden Stiles zu zerstören – den Empfindungsgehalt eines Werkes aus jener Zeit in der uns geläufigen und durch die besten Künstler angenommenen Vortragsweise zur Darstellung bringe“ (Reimann 1889, 135).

„Der große Sebastian, [. . .] *der große geniale Neuerer und Reformator des Orgelspiels, er würde auch entschieden unsere Schweller bester Konstruktion, unsere Kombinationszüge, Nebenregistraturen und dergleichen mit Freuden adoptiert haben“* (Reimann 1891, 145).

In diesem Sinne hat Reimann wohl auch seinen Schüler Karl Straube unterrichtet und so die Grundlage für den modernen orchestralen Interpretationsstil geschaffen, den Straube 1904 in den *„Alten Meistern“* und 1913 in seiner Bearbeitung des 2. Bandes der Peters-Ausgabe der Orgelwerke Bachs niederlegte.

Für Reimann stand Wilhelm Sauer *„an der Spitze der gesammten Orgelbaukunst unserer Zeit“* (Reimann 1891, 148), und 1895 übernahm er das Organistenamt an der neu errichteten Kaiser-Wilhelm-Gedächtniskirche und ihrer Sauer-Orgel (op. 660, IV/80), Karl Straube wurde sein Stellvertreter.

Eine Orgel gleicher Größe hatte Wilhelm Sauer wenige Monate zuvor im Willibrordi-Dom in Wesel vollendet, und Straube wurde am 14. Mai 1897 unter vier Bewerbern in das Organistenamt der niederrheinischen Kleinstadt gewählt, das er am 1. Juni antrat (Funk-Hennigs 1981, dort auch interessante Mitteilungen über Straubes Probespiel und seine Weseler Amtspflichten). In den fünf Jahren seiner Tätigkeit spielte Straube dort alle großen Orgelwerke Regers, darunter die Uraufführungen von op. 27, 29, 30, 40 Nr. 1, 46 und 52 Nr. 1. Obwohl Reger selbst wohl nie in Wesel gewesen ist, ist die Willibrordi-Orgel für die frühe Rezeption seiner Orgelmusik wichtig genug, um hier die vollständige Disposition mitzuteilen:

I. MANUAL C–f³		II. MANUAL C–f³		III. MANUAL C–f³ (Schwellwerk)	
Principal	16’	Geigenprincipal	16’	Salicional	16’
Bordun	16’	Bordun	16’	Liebl. Gedackt	16’
Gamba	16’	Principal	8’	Principal	8’
Principal	8’	Rohrflöte	8’	Konzertflöte	8’
Hohlflöte	8’	Salicional	8’	Schalmei	8’
Viola di Gamba	8’	Flûte harmonique	8’	Liebl. Gedackt	8’
Doppelflöte	8’	Spitzflöte	8’	Aeoline	8’
Gemshorn	8’	Harmonika	8’	Voix céleste	8’
Traversflöte	8’	Gedackt	8’	Dulciana	8’
Quintatön	8’	Dolce	8’	Praestant	4’
Geigenprincipal	8’	Octave	4’	Traversflöte	4’
Gedackt	8’	Flöte	4’	Violine	4’
Quinte	5⅓’	Gemshorn	4’	Gemshornquinte	2⅔’
Octave	4’	Flauto dolce	4’	Flautino	2’

Spitzflöte	4’	Rauschquinte	2⅔’ 2’	Harm. aetherea 3fach	
Fugara	4’	Mixtur 4fach	2’	Clarinette	8’
Rohrflöte	4’	Cornett 4fach	4’	Vox humana	8’
Piccolo	2’	Fagott	16’		
Rauschquinte	2⅔’ 2’	Tuba	8’		
Groß-Cymbel	2²⁄₇’ 2’	Oboe	8’		
Mixtur 5fach					
Scharf 5fach					
Cornett 3–5fach	2⅔’				
Trompete	16’				
Trompete	8’				

PEDAL C–d^1

Contrabaß	32’	Quintbaß	10⅔’	Contraposaune	32’
Untersatz	32’	Oktavbaß	8’	Posaune	16’
Principal	16’	Violoncello	8’	Trompete	8’
Violon	16’	Gedackt	8’	Clairon	4’
Subbaß	16’	Viola d’amour	8’		
Gemshorn	16’	Flöte	4’		
Baßflöte	16’	Cornett 3fach			

KOPPELN UND KOMBINATIONEN

II/I; III/I; III/II; I/P; II/P; III/P; Tutti-Koppel; mf, f, ff in I, desgl. in II und III; Tutti; Rohrwerke [an oder ab?], Rollschweller für das ganze Werk; Schweller für das III. Manual.

Die Orgel war in ein Gehäuse von 1645 eingebaut worden und verfügte über Kegelladen mit pneumatischer Traktur für I., II. Manual und Pedal sowie mechanische Traktur im III. Manual (nach Dreimüller 1962, 69; Disposition und Spielhilfen nach: Zeitschrift f. Instrumentenbau 15, 1895/96, S. 675, danach sind die Angaben bei Busch 1973, 67, zu korrigieren).

III. Weiden 1898–1901

Die Orgelkompositionen der Weidener Jahre (op. 27, 29, 30, 33, 40, 46, 47, 52, 59) entstanden, *„während Reger sich mit dem praktischen Spiel auf der Orgel gar nicht mehr beschäftigte“* (Lindner 148). Die Orgel der bisherigen Simultankirche war wegen der Auflösung des Simultaneums und dem damit verbundenen Umbau der Kirche nicht benutzbar, *„in der 1901 fertiggestellten neuen katholischen Kirche stand während Regers Aufenthalt in Weiden nur eine kleine Interimsorgel mit sieben Registern, auf der Reger nur sehr selten spielte, weil sie ihn in keiner Weise anregte“* (Lindner 1922, 149). Eine Ausnahme bildet die Choralfantasie *„Wie schön leuchtet der Morgenstern“* op. 40 Nr. 1, über deren Entstehen der Komponist Adalbert Lindner auf einer Postkarte berichtete:

„Lieber Freund!

Die Phantasie für Orgel über den Choral ‚Wie schön leuchtet der Morgenstern’ ist fertig, braucht bloß ins reine geschrieben zu werden; ist auch schon praktisch ausprobiert. Habe jetzt drei Tage hintereinander um sechs Uhr früh ein Jahrtagsamt zu spielen. Zu früh! – Sonst gut. Beste Grüße! Dein Max Reger."

Reger hielt sich bei seinem Onkel, dem Lehrer und Organisten Theodor Roll, in Erbendorf auf, das *„praktische Probieren"* fand an der Orgel der kath. Pfarrkirche statt, die 1884 von der Fa. G. F. Steinmeyer, Oettingen, als op. 262 erbaut worden war und über folgende Disposition verfügte (Mitteilung der Fa. Steinmeyer):

I. MANUAL C–f³		II. MANUAL C–f³		PEDAL C–d¹	
Bourdon	16'	Geigenprincipal	8'	Violon	16'
Principal	8'	Hohlflöte	8'	Subbaß	16'
Tibia	8'	Salicional	8'	Octavbaß	8'
Gedeckt	8'	Aeoline	8'	Violoncello	8'
Gemshorn	8'	Traversflöte	4'		
Viola di Gamba	8'	Fugara	4'		
Octav	4'				
Gedeckt	4'				
Quint	2⅔'				
Mixtur 4f.	2'			mechanische Kegelladen	

IV. München 1901–1907

Nach der langen Zwangspause in Weiden begann Reger in München wieder mit dem Orgelspiel, stieß dabei jedoch bald auf ähnliche Widerstände wie in der Heimatstadt: Am 1. November 1902 berichtet er Theodor Kroyer: *„In der Haidhausener katholischen Johanniskirche habe ich per Gelegenheit 2–3 x beim Kindergottesdienst (Sonntag vormittags) die Orgel gespielt, nachdem ich seit 12 Jahren keine Orgel mehr gespielt habe! Nun ist mir bedeutet worden, ich dürfte nicht mehr spielen, da dadurch, daß ich spielte, die Leute zu sehr in ihrer Andacht gestört würden; kein Mensch könne mehr beten! – Famos!"* (H. Niemann 1966, 120). Die Orgel war 1900 von der Münchener Orgelbaufirma Maerz mit II/12 erbaut worden und wurde 1965 durch einen Neubau ersetzt.

Dieser Bericht zeigt, daß man den mehrfachen Bekundungen Regers, wie lange er schon nicht mehr Orgel gespielt habe, nicht ohne weiteres Glauben schenken darf. 12 Jahre waren es 1902 sicher nicht, denn 1900 hatte er noch behauptet, *„seit 1895"* nicht mehr gespielt zu haben, dazwischen lag aber auch noch das intensive Orgelspiel während der Ferien in Erbendorf im Herbst 1899.

1903 wurde Reger eingeladen, am 7. März die neu erbaute Orgel der ehemaligen Simultankirche und seit der Trennung des Simultaneums 1901 evangelische Michaeliskirche in Weiden zu prüfen und öffentlich vorzuführen. Die Orgel war von der Firma J. Strebel, Nürnberg, in das vorhandene alte Gehäuse eingebaut worden und hatte folgende Disposition (Lindner 1922, 39):

I. MANUAL		II. MANUAL		PEDAL	
Bourdon	16'	Geigenprinzipal	8'	Violonbaß	16'
Prinzipal	8'	Flauto amabile	8'	Subbaß	16'
Doppelflöte	8'	Lieblich Gedackt	8'	Oktavbaß	8'
Gedackt	8'	Dolce	8'	Cellobaß	8'
Gamba	8'	Aeoline	8'	Posaune	16'
Salizional	8'	Vox coeleste	8'		
Oktav	4'	Fugara	4'		
Rohrflöte	4'	Traversflöte	4'		
Oktav	2'			Normalkoppeln	
Mixtur	2⅔'			*„Diverse Druckknöpfe zur*	
Trompete	8'			*Regulierung der Dynamik“*	

Am gleichen Tag führte ihn Adalbert Lindner an die 1901 von der Fa. Maerz, München, erbaute Orgel der neuen katholischen Stadtpfarrkirche, deren Disposition den gleichen Grundbestand aufweist wie die der Strebel-Orgel (Walter 1974 b, 132 ff.):

I. MANUAL C–f^3		II. MANUAL C–f^3		PEDAL C–d^1	
Bourdon	16'	Stillgedeckt	16'	Prinzipal	16'
Prinzipal	8'	Geigenprinzipal	8'	Violon	16'
Tibia	8'	Hohlflöte	8'	Subbaß	16'
Gedeckt	8'	Liebl. Gedackt	8'	Quinte	10⅔'
Gamba	8'	Dolce	8'	Oktavbaß	8'
Salizional	8'	Aeoline	8'	Cello	8'
Quinte	5⅓'	Vox coelestis	8'	Posaune	16'
Oktave	4'	Fugara	4'		
Flöte	4'	Traversflöte	4'		
Gemshorn	4'	Mixtur 3fach	2⅔'		
Oktave	2'	Fagott/Clarinette	8'	(durchschl.)	
Mixtur 4fach	2⅔'				
Trompete	8'				

pneumatische Kegelladen, Normalkoppeln, Superoktav-Koppel in I, Registerschweller, Rohrwerkabsteller, Feste Kombinationen: p, mf, f, ff

Wenn man dem Bericht von Elsa Reger glauben darf, so zeigte Reger bei dieser Gelegenheit noch beachtliche organistische Fertigkeiten: *„Am Nachmittag lud Lindner Reger ein, auf dessen neuer Orgel in der katholischen Stadtpfarrkirche zu spielen. Natürlich erfüllte mein Mann diese Bitte gern. Er präludierte zuerst längere Zeit, darauf legte Lindner ihm op. 59 (12 Stücke für Orgel) auf das Pult und schließlich die gewaltige Phantasie „Bach“, welche er überwältigend schön spielte“* (E. Reger 1930, 39).
Beide Weidener „Reger-Orgeln“ existieren nicht mehr. Die Orgel der katholischen Kirche wurde 1934 vollständig umgebaut und auf 43 Register erweitert, die Orgel der evangeli-

schen Kirche wich 1969 einem Neubau. Das von Reger über die Strebel-Orgel ausgestellte lobende Gutachten (Lindner 1922, 39) erschwerte es dem zuständigen Orgelsachverständigen noch 1966, die Beseitigung dieses Instruments zugunsten des Neubaus zu bewirken (Högner 1968, 1155).

Am 4. Januar 1904 schreibt Reger an Straube: *„Ich bekomme jetzt ein neues Pedalharmonium mit 2 Manualen, Pedal geschenkt, so groß, daß auch ein 8' im Pedal ist; (neben 16')"* (Straube-Briefe 1986, 48). Auf diesem Instrument hat Reger seine Orgelkompositionen erprobt (Straube-Briefe 1986, 60). Vielleicht wurden die im Frühjahr 1904 entstandenen bzw. redigierten leichteren Orgelwerke op. 56, 80 und 85 von der Beschäftigung mit dem Pedalharmonium angeregt.

Zum 1. Mai 1905 wurde Reger als Lehrer für Orgel und Komposition an die Akademie für Tonkunst berufen. Schon am 15. Juli 1906 gab er diese Position wieder auf, da sie ihn zu sehr am Konzertieren hinderte und er wohl auch den Auseinandersetzungen mit dem Kreis um Rudolf Louis und Ludwig Thuille – letzterer war ebenfalls Kompositionslehrer an der Akademie – wenigstens auf diesem Gebiet ausweichen wollte. So dürfte es zu einer nennenswerten Tätigkeit als Orgellehrer kaum gekommen sein. Als einziges Dokument hierüber sind einige Sätze von Karl Hasse überliefert: *„So kann ich mir auch jetzt ein Erlebnis aus Regers Orgelunterricht in München erklären, das mir damals unerklärlich war und über das ich mit einer gewissen Mißbilligung an meinen anderen Lehrer Straube berichtete: Reger suchte an der höchst unvollkommenen kleinen Übungs- und Unterrichtsorgel nach Registerzusammenstellungen mit Hilfe der Mixtur, die ich damals nur aus Spielerei oder Sucht nach recht ausgefallenen Klängen hervorgegangen ansehen konnte"* (Hasse 1932, 14 f.). Die *„höchst unvollkommene Übungs- und Unterrichtsorgel"* war 1851 von Walcker erbaut und 1905 umgebaut worden, wobei Reger allerdings nicht mitwirkte. Sie hatte danach folgende Disposition (Busch 1973, 68):

I. MANUAL		II. MANUAL		PEDAL	
Bourdon	16'	Geigenprinzipal	8'	Violonbaß	16'
Prinzipal	8'	Lieblich Gedackt	8'	Subbaß	16'
Rohrflöte	8'	Salicional	8'	Violoncello	8'
Gedackt	8'	Aeoline	8'	Bourdonbaß	8'
Gamba	8'	Dolce	4'	Fagottbaß	16'
Oktav	4'	Spitzflöte	4'		
Traversflöte	4'				
Oktav	2'				
Mixtur 3fach	2'				
Cornett 5fach	8'				

V. Leipzig 1907–1911

Am 1. April 1907 übernahm Reger seine Leipziger Ämter als Universitätsmusikdirektor und Kompositionslehrer am Konservatorium. Die Familie siedelte am 22. März um: *„Es ist das* *eine schreckliche Arbeit, bis alle meine Klaviere (Flügel), und großes Pedalharmonium stehen*“ (Briefe 1928, S. 155).

Bis zu Regers Ernennung gehörte zu den Pflichten des Universitätsmusikdirektors neben der Leitung der Universitäts-Sängerschaft St. Pauli der Organistendienst an der Universitätskirche St. Pauli. Wegen Regers katholischer Konfession wurde dieses Amt jedoch selbständig besetzt, und so bestanden seine Dienstpflichten nur noch in der wöchentlichen Probe sowie Aufführungen und musikalischer Ausgestaltung von Universitätsfeiern mit dem studentischen Männerchor. Da dieser sich aber mehr der bierseligen Geselligkeit als ernsthaften musikalischen Anstrengungen widmete, legte Reger dieses Amt schon zum 1. November 1908 nieder. Seine Lehrverpflichtung am Konservatorium belief sich auf sechs Wochenstunden, und so blieb ihm bei festen Bezügen von 4000 Mark jährlich genügend Muße zum Konzertieren und Komponieren.

Reger lebte in Leipzig vier Jahre lang in engster Berührung mit Karl Straube, der in dieser Zeit auf dem Höhepunkt seiner organistischen Laufbahn stand. Als 1905 Heinrich Reimann starb, wurde Straube seine Nachfolge an der Berliner Kaiser-Wilhelm-Gedächtniskirche unter glänzenden Bedingungen angeboten. Bei den „Bleibeverhandlungen“, die Straube daraufhin in Leipzig führt, stellt er weitgehende Forderungen: Umbau und Erweiterung der Thomasorgel, Verpflichtung aller Thomaner zur Mitwirkung in dem von ihm geleiteten Bachverein, Gehaltserhöhung auf 5000 Mark jährlich, Verleihung des Professorentitels. Der Kirchenvorstand stellt fest: *„Straube ist wohl einer der bedeutendsten jetzt lebenden Orgelspieler“* (Held 1976, S. 140) und kommt diesen Forderungen innerhalb weniger Wochen nach, 1907 wird Straube Orgellehrer am Leipziger Konservatorium, im Juli 1908 verleiht ihm die Sächsische Regierung den Professorentitel. Der Umbau der Sauer-Orgel der Thomaskirche nach Straubes Vorstellungen wird 1908 abgeschlossen, am 17. September schreibt Straube in seinem Abnahmegutachten: *„Das neue Instrument besitzt die gleiche Geschlossenheit im Ensemble der Töne wie die kleinere Orgel, aber der Gesamtton ist freier, größer geworden, und jetzt erst kann gesagt werden, daß die altehrwürdige, musikberühmte Thomaskirche zu Leipzig ein würdiges Instrument in dieser achtundachtzigstimmigen Orgel besitzt“* (Held 1976, S. 141).

Die Orgel war 1889 von Wilhelm Sauer mit 63 Registern auf drei Manualen und Pedal auf mechanischen Kegelladen erbaut worden. 1902 nahm die gleiche Firma einen Umbau vor, bei dem die mechanische durch eine pneumatische Traktur ersetzt und zwei Register hinzugefügt wurden. Die Arbeiten von 1907/08 nach den Vorstellungen Karl Straubes brachten dreiundzwanzig neue Register sowie die Erweiterung des Manualumfangs von f^3 auf a^3, um *„Compositionen der modernen französischen Schule, ich nenne nur bedeutende Namen wie César Franck und Charles Marie Widor, und neuerdings auch der jüngsten deutschen Orgelschule* [. . .] *spielen zu können“* (Held 1976, S. 138).

Obwohl Reger von der neugestalteten Thomasorgel sozusagen kompositorisch keine Notiz nahm, sei ihre Disposition genannt, denn sie liegt Straubes Ausgaben Regerscher Orgelwerke zugrunde. Zudem ist sie eines der wenigen im wesentlichen unverändert erhalten gebliebenen großen Instrumente Wilhelm Sauers, und die auf dieser Orgel eingespielten Schallplattenaufnahmen Regerscher Werke können deshalb als weitgehend authentische Klangdokumente gelten.

I. MANUAL C–a^3		II. MANUAL		III. MANUAL (Schwellwerk)	
Principal	16’	Gedackt	16’	Liebl. Gedackt	16’
Bordun	16’	Salicional	16’	Gamba	16’
Principal	8’	Principal	8’	Principal	8’
Geigenprincipal	8’	Concertflöte	8’	Spitzflöte	8’
Doppelflöte	8’	Rohrflöte	8’	Flûte d’amour	8’
Flûte harmonique	8’	Flûte harmonique	8’	Gedackt	8’
Flauto dolce	8’	Gedackt	8’	Gemshorn	8’
Gedackt	8’	Salicional	8’	Quintatön	8’
Gemshorn	8’	Schalmei	8’	Viola	8’
Gamba	8’	Harmonica	8’	Aeoline	8’
Dulciana	8’	Dolce	8’	Voix céleste	8’
Quintatön	8’	Oktave	4’	Prästant	4’
Quinte	5⅓’	Flauto dolce	4’	Traversflöte	4’
Oktave	4’	Salicional	4’	Fugara	4’
Rohrflöte	4’	Quinte	2⅔’	Quinte	2⅔’
Gemshorn	4’	Piccolo	2’	Flautino	2’
Violine	4’	Mixtur 4fach	2’	Harmonia aetherea 2–3f.	2⅔’
Rauschquinte	2⅔’ 2’	Cymbel 3fach	1’	Trompette harmonique	8’
Oktave	2’	Cornett 3fach	4’	Oboe	8’
Mixtur 3fach	2’	Tuba	8’		
Scharf 5fach	2⅔’	Clarinette (durchschl.)	8’		
Großcymbel 4fach	3⅕’				
Cornett 2–4fach	2’				
Trompete	16’				
Trompete	8’				

PEDAL C–f^1

Majorbaß	32’	Salicetbaß	16’	Oktave	4’
Untersatz	32’	Quintbaß	10⅔’	Flauto dolce	4’
Principal	16’	Principal	8’	Contraposaune	32’
Contrabaß	16’	Offenbaß	8’	Posaune	16’
Subbaß	16’	Baßflöte	8’	Fagott	16’
Violon	16’	Cello	8’	Trompete	8’
Liebl. Gedackt	16’	Dulciana	8’	Clarine	4’
Gemshorn	16’	Gemshorn	8’		

SPIELHILFEN

6 Normalkoppeln, Unteroktavkoppel II/I, Oberoktavkoppel Pedal, Tuttikoppel, 3 Freie Kombinationen, Feste Kombinationen mf, Tutti; Feste Kombinationen im Pedal: mf, f, Tutti; Rollschweller

Unter Günter Ramin wurde die Orgel 1940 und 1947 durch die Fa. Sauer im Sinne der Orgelbewegung umdisponiert:

I

– Gamba	8'	+	Flachflöte	2'
– Doppelflöte	8'	+	Superquinte	1⅓'
– Violine	4'	+	Oktave	1'
– Trompete	16'	+	Trompete	4'

II

– Flûte harm.	8'	+	Weitprinzipal	2'
– Schalmei	8'	+	Schalmei	4'
– Harmonica	8'	+	Terz	1⅗'
– Clarinette	8'	+	Krummhorn	8'

III

– Gamba	16'	+	Sifflöte	1'
– Fugara	4'	+	Scharf 4f.	
– Trompette harm.	8'	+	Trompete	4'

P

– Majorbaß	32'	+	Nachthorn	2'
– Salicetbaß	16'	+	Rauschpfeife 2f.	
– Violon	16'	+	Mixtur 4f.	
– Principal	8'	+	Sing. Cornett	2'

Obwohl durch diese Veränderungen die Disposition Sauers vor allem im Bereich der Streicher und Zungen charakteristische Elemente verloren hat, kann mit diesen Einschränkungen die Thomasorgel auch jetzt noch als typisches Beispiel der Sauerschen Großorgel angesehen werden, wie sie Karl Straube in Wesel, Berlin und Leipzig für sein Reger-Spiel zur Verfügung standen. Eine völlig unveränderte Orgel Wilhelm Sauers aus dieser Zeit ist in der Ev. Kirche Dortmund-Dorstfeld erhalten (Ars Organi 24, 1976, 2081), mit 40 Registern auf drei Manualen allerdings für die Begriffe Regers und Straubes nur ein „mittelgroßes" Instrument.
Trotz der Nähe zu Karl Straube und seiner Orgel schreibt Reger in den Leipziger Jahren jedoch keine Orgelmusik, allenfalls das kleine, 1909 im Druck erschienene Choralvorspiel *„Wie schön leucht't uns der Morgenstern"* (Stein WV, 430) könnte in die Leipziger Zeit fallen. Diese zunächst erstaunliche Tatsache läßt sich wohl auf zwei Gründe zurückführen: Die außerordentliche Zahl von Orgelkompositionen aus der Weidener „orgellosen" Zeit läßt vermuten, daß Reger nicht primär vom Instrument zur Komposition motiviert wurde. Vielmehr sind es kompositorische Probleme wie die Orgelsonate oder die Choralfantasie, die sich ihm in Form zeitgenössischer Kompositionen stellen, und die er auf seine eigene Art und wohl auch im Sinne eines gewissen Wettbewerbs lösen will.

Mit den Orgelkompositionen der Weidener und Münchener Zeit hatte er zu allen für ihn bedeutsamen Gattungen der Orgelmusik beigetragen und sich auf diesem Gebiet durch die rege Konzerttätigkeit Karl Straubes und anderer Organisten sowie zahlreiche Zeitschriftenpublikationen einen Namen gemacht. Nicht nur auf diesem abgeschlossenen Terrain, sondern auch beim breiten Musikpublikum Anerkennung zu erringen, war nur als Pianist und Dirigent und mit der Komposition von Kammermusik und Orchesterwerken möglich – wenn Reger schon dem Musiktheater uninteressiert gegenüberstand.

VI. Meiningen – Jena 1911–1916

Als Generalmusikdirektor am Hof in Meiningen war Reger in erster Linie Orchesterleiter, hatte aber hin und wieder auch von Amts wegen mit Orgeln zu tun. Dabei spielten zunächst die Meininger Kirchenorgeln keine Rolle, mit ihnen hatte sich Reger erst bei einigen Konzerten 1913–1916 auseinanderzusetzen.

Am 9. 4. 1912 und am 25. 3. 1913 gab Reger zusammen mit Solisten und Orchester der Meininger Hofkapelle in der Kirche St. Georgen in Eisenach (der Taufkirche J. S. Bachs) Wohltätigkeitskonzerte, bei denen er auch einige Violin- und Violoncello-Soli auf der Orgel begleitete, 1912 auch drei Choralvorspiele von Bach beitrug (Walter 1978, 40f.). Reger lernte dadurch eine 1911 von der Fa. Jehmlich, Dresden, erbaute pneumatische Orgel mit 75 Registern auf drei Manualen kennen.

Am 11. April 1912 schlug Herzog Georg Reger vor, die Orgel der Stadtkirche in Bad Salzungen zu „*versuchen*“ und auch ihren Organisten kennenzulernen: „*Der dortige Organist scheint mir ein eingebildeter Herr zu sein, Oppel mit Namen, der mit seiner Orgel nicht fertig wird, aber sich für einen großen Orgler hält*“ (Briefe Herzog Georg, 189). Reger verschob den Besuch in Salzungen auf die wärmere Jahreszeit, zumal er auch die Orgelprobe zusammen mit Hermann Poppen vornehmen wollte: „*Poppen ist amtlicher Orgelrevisor im Großherzogtum Baden*“ (Briefe Herzog Georg, 234). Reger traute sich offenbar alleine eine Orgelbegutachtung nicht zu, und so fand diese zu zweit am 19. Juni 1912 statt und zeitigte für Instrument wie Spieler ein positives Ergebnis:

„*Wir fanden die Orgel in gutem Zustand; es ist also ein solides Werk; die Orgel funktioniert in all ihren verschiedenen Registern in Bezug auf präcise Ansprache der Töne ausgezeichnet; auch die Mechanik ist durchaus in Ordnung! Also ist alles in Allem: ein sehr schönes Werk.*

Das Einzige, was wir nicht ganz in Ordnung fanden, ist: Die Oboe 8' ist zu stark intoniert, hat auch zu wenig Oboencharakter; ferner fehlt als Soloregister: Clarinette 8'. Dies ist aber das Einzige, was an der Orgel fehlt, sonst ist sie ausgezeichnet; der Motor für den Blasbalg ist ebenfalls in bester Ordnung; merkwürdig ist nur, daß es ein 2½ pferdiger Motor ist, während nach meiner Ansicht für eine solche Orgel ein 1½ pferdiger Motor genügen sollte; es werden demnach die Orgelpfeifen mit ganz starkem Winddruck angeblasen, daher der 2½ pferdige Motor. – Der Organist, Herr Oppel, war sehr liebenswürdig und entgegenkommend“ (Briefe Herzog Georg, 266 f.).

Die Orgel war von Herzog Georg gestiftet und 1909 von Wilhelm Sauer, Frankfurt/O., unter Verwendung eines erweiterten Gehäuses von 1790 erbaut worden. Sie blieb als einzige „Reger-Orgel“ neben der Meininger Schützenhausorgel bis heute unverändert erhalten, ihre Disposition ist für mittelgroße Instrumente Sauers aus dieser Zeit charakteristisch. Sie sei hier in der Reihenfolge der Registerzüge mitgeteilt, die der Abfolge des Registerschwellers entspricht und somit ein wichtiges Dokument der Registrierungspraxis jener Zeit darstellt:

I. MANUAL C–g³		II. MANUAL C–g³	
Rohrflöte	8’	Gedackt	8’
Gemshorn	8’	Salicional	8’
Flöte	8’	Konzertflöte	8’
Gambe	8’	Prinzipal	8’
Prinzipal	8’	Gedackt	16’
Bourdon	16’	Traversflöte	4’
Rohrflöte	4’	Prästant	4’
Oktave	4’	Piccolo	2’
Oktave	2’	Mixtur 4fach	
Rauschquinte	2⅔’ 2’	Oboe	8’
Cornett 3–4fach	2⅔’		
Trompete	8’		

III. MANUAL C–g³ (Schwellwerk)		PEDAL C–f¹	
Voix céleste	8’	Dulciana	16’
Aeoline	8’	Subbaß	16’
Quintatön	8’	Violon	16’
Soloflöte	8’	Prinzipal	16’
Schalmei	8’	Gedackt	8’
Geigenprinzipial	8’	Cello	8’
Lieblich Gedackt	16’	Oktave	8’
Fernflöte	4’	Quintbaß	10⅔’
Fugara	4’	Posaune	16’
Flautino	2’		

Koppeln: II/I, III/I, III/II; I/P, II/P, III/P
Rollschweller, Jalousieschweller III. Manual.
Druckknöpfe: für alle Koppeln, Walze ab, Handregister ab
Feste Kombinationen: Mezzoforte, Forte, Tutti; 2 freie Kombinationen, Pianopedal, Mezzofortepedal, Rohrwerke ab.

Am 26. Oktober 1912 fand in der Michaeliskirche Hamburg das Einweihungskonzert an der von der Fa. E. F. Walcker, Ludwigsburg, neu erbauten Orgel statt, mit 163 Registern auf vier Manualen seinerzeit die größte Orgel Deutschlands (Disposition bei Walcker 1948, 93 ff.). Hans v. Ohlendorff war bei dem Projekt maßgeblich beteiligt (Walcker 1948, 92 f.) und hat wohl auch Reger eingeladen, zu dieser Gelegenheit nach Hamburg zu kommen und am folgenden Abend innerhalb eines von Siegmund v. Hausegger dirigierten Philharmonischen

Konzerts sein *Konzert im alten Stil* op. 123 zu dirigieren. Während des Einweihungskonzerts spielte Alfred Sittard neben Werken von Bach, Franck und Bossi Regers op. 46. Der Komponist berichtete darüber Herzog Georg zusammen mit der ersten Erwähnung seines Kompositionsauftrags für die Einweihung der Jahrhunderthallenorgel in Breslau, die ein Jahr später die Hamburger Michaelisorgel auf den zweiten Platz in der Rangliste der größten deutschen Orgeln verweisen sollte: *„Auch finden Ew. Hoheit noch ein anderes Program̄ von der Einweihung der neuen Orgel der Michaeliskirche in Hamburg; diese neue Orgel hat die ‚Kleinigkeit' von 220000 M (zweihundert und zwanzigtausend Mark!!) gekostet; nach dem Einweihungskonzert war noch großes Souper, bei dem ich Unglücksmensch noch eine improvisierte Rede loslassen mußte. Es ging aber gut! Die Stadt Breslau hat zur Erin̄erung an das Befreiungsjahr 1813 eine große Musikhalle mit Riesenorgel gebaut; diese neue Musikhalle soll mit Orgel im Som̄er 1913 eingeweiht werden; nun soll ich für diese Feier auch was schreiben: ein neues großes Werk für Orgel und Orchester schreiben; ich habe zugesagt; es wird mir ein anständiges Ehrenhonorar geboten, und ich behalte mir alle Rechte vor, so daß ich das Werk nach der Aufführung weiter verkaufen kan̄.*

Die neue Orgel in der Michaeliskirche ist prachtvoll, mit allen modernen Finessen ausgestattet; diese Orgel dürfte jetzt die größte Orgel in Deutschland sein" (Briefe Herzog Georg, 372).

Die Anregung zu dem Breslauer Kompositionsauftrag an Reger dürfte von Straube ausgegangen sein, der die Disposition der Orgel entworfen hatte, die mit 187 Registern auf fünf Manualen von der Firma Sauer gebaut wurde (Die Disposition bei Walter 1974a, 31 ff.).

Wie im Jahr 1901 gab Reger auch jetzt den Plan eines Orgelkonzerts bald wieder auf. Die Gründe dafür lassen sich nur vermuten. Vielleicht machte sich der auf weite Verbreitung seiner Werke sehr bedachte Komponist klar, daß ein Konzert für Orgel und Orchester nur selten aufgeführt werden würde. Konzertsaalorgeln waren zwar in den großen Musikzentren vorhanden, doch fand Reger vor allem in kleineren Städten ein aufgeschlossenes Publikum und konzertierte an solchen Orten als Pianist und Dirigent des Meininger Orchesters mit Vorliebe. Im April 1913 war der Plan eines Orgelkonzertes fallengelassen, und Reger arbeitete an op. 127, am 20. war die Introduktion nach einer Mitteilung an Straube fertig (Briefe 1928, 267). Sicher hat Straube Reger von der geplanten Orgel berichtet, Reger hat das Instrument jedoch nie an Ort und Stelle kennengelernt.

1905, 1907, 1909 und 1913 verbrachte die Familie Reger ihre Sommerferien in Kolberg an der Ostsee, der Geburtsstadt Elsa Regers, einer seinerzeit sehr beliebten „Sommerfrische". 1907, 1909 und 1913 wirkte Reger auf Bitten des Domorganisten Hermann Springer bei Konzerten als Organist mit. Georg Sbach hat als Augen- und Ohrenzeuge Regers Orgelspiel anschaulich geschildert. Zum 26. 8. 1907: *„Eines Nachmittags kam er in Begleitung* [. . .] *des Hofkapellmeisters Eichberger aus Dessau* [. . .] *in den Dom, um sich die Orgel anzusehen. Mit einer unglaublichen Schnelligkeit fand sich Max Reger an dem ihm unbekannten Spieltisch* [. . .] *zurecht und begann zu improvisieren. Jedoch war diese erste Improvisation, die ich von ihm hörte, ganz kurz und diente nur dazu, um die verschiedenen Stimmen der Orgel auszuprobieren und ihre verschiedenen Stärkegrade, dynamischen Ausdrucksmöglichkeiten und Spielhilfen kennen zu lernen.* [. . .] *Nach einigen Tagen fand das Konzert statt. Als letzte Nummer stand auf dem Pro-*

gramm: Improvisation von Max Reger. [. . .] *Auf einem winzigen Zettel hatte er sich das Thema einer Passacaglia notiert. Er begann zunächst mit einer Introduktion. Gewaltige, prachtvolle Akkorde von ungeahnter Herrlichkeit wechselten mit glänzenden Manual- und Pedalpassagen. Melodien durchzogen den Raum, wie ich sie so ergreifend nie zuvor gehört habe. Und nun setzte im äußersten Pianissimo das Thema der Passacaglia ein. Wie Reger das Thema bearbeitete, steigerte, es immer auf neue Weise auslegte, um dann mit machtvollen Akkorden zu schließen – das alles war unbeschreiblich großartig und erschütternd.“*

Zum 28. 8. 1909: *„Wieder stand als letzte Nummer auf dem Programm: Improvisation von Max Reger. Diesmal improvisierte er nach einem langen prachtvollen Präludium eine gewaltige Doppelfuge im schnellsten Tempo. Es war sehr interessant, den Meister beim Improvisieren zu beobachten, was sehr gut möglich war, da der Spieltisch frei steht. Reger sah nicht etwa auf die Klaviaturen, sondern sein Blick war geradeaus gerichtet, und man hatte das Gefühl, als ob er in eine andere Welt schaute. Dabei vollzog er den Manualwechsel auch bei den schwierigsten Stellen mit einer unheimlichen Schnelligkeit und mit unfehlbarer Sicherheit. Beim Spiel schneller Passagen saß er vollkommen ruhig. Dagegen geriet sein Körper etwas in Bewegung, wenn das Tempo langsamer wurde“* (Sbach 1923, 8 f.).

Auch 1913 hat Reger im Kolberger Dom bei einem Konzert mitgewirkt, bei dem Springer seine Kantate *„Meinen Jesum laß ich nicht“* aufführte (Reger-Konzerte 2, S. 425). Am 7. September schreibt der Komponist aus Kolberg an Hans v. Ohlendorff: *„Op. 129 sind 9 Orgelstücke, die ich soeben heute vollendet habe und die ich Dir dedicieren werde. Es sind 9 leichte aber sehr feine Stücke“* (Briefe 1973, S. 215).

HAUPTWERK (I)	
Principal	16’
Bordun	16’
Prinzipal	8’
Flûte harmonique	8’
Gamba	8’
Gedackt	8’
Gemshorn	8’
Nassard	5⅓’
Oktave	4’
Rohrflöte	4’
Quarte	2⅔’ (+ 2’?)
Mixtur 4fach	
Cornett 3-4fach	
Trompete	8’

NEBENWERK (II)	
Bordun	16’
Prinzipal	8’
Spitzflöte	8’
Rohrflöte	8’
Salicional	8’
Oktave	4’
Flauto dolce	4’
Nassard	2⅔’
Waldflöte	2’
Progressio 2–4fach	
Clarinette	8’

SCHWELLWERK (III)	
Liebl. Gedackt	16’
Prinzipal	8’
Konzertflöte	8’
Liebl. Gedackt	8’
Aeoline	8’
Voix céleste	8’
Traversflöte	4’
Fugara	4’
Flautino	2’
Oboe	8’

PEDAL			
Contrabaß	32’	Violoncello	8’
Prinzipalbaß	16’	Baßflöte	8’
Violon	16’	Oktave	4’
Subbaß	16’	Posaune	16’
Oktavbaß	8’	Trompete	8’

SPIELHILFEN
Normalkoppeln,
1 freie Kombination,
MF, F, Tutti, Walze

KMD Hans-Jakob Haller, von 1934 bis 1939 Domorganist in Kolberg, charakterisiert das 1945 zerstörte Instrument so: „*Diese Orgel hatte einen durchaus männlichen Charakter und fiel durch ein den großen Raum völlig ausfüllendes Pleno auf. Ich erinnere mich mit Sicherheit, daß barocke Orgelwerke und auch J. S. Bach sehr befriedigend darzustellen waren, ja, daß man oft noch von der barocken Klangtradition herkommend zu sehr guten Registrierungen und Kombinationen gelangen konnte. Auch war eine Walze vorhanden, die aber, wie das ganze Werk, mechanisch zu bedienen war und entsprechend schwer ging*“ (Brief an den Verfasser vom 8. 11. 1973).

Reger hat in op. 129 wohl bewußt den spieltechnischen Anspruch im Blick auf den Amateurorganisten Hans v. Ohlendorff als Widmungsträger niedriger halten wollen. Er wird sich deshalb an seinen eigenen eingeschränkten organistischen Fertigkeiten orientiert und die Stücke an der Kolberger Domorgel ausprobiert haben. In der Unkompliziertheit dieser Stücke mag aber auch ein wenig von der gelösten Badeferienstimmung des „Sommerfrischlers“ mitschwingen.

Am 30. Januar 1913 gab Herzog Georg Reger den Auftrag, bei der Firma Sauer eine Orgel zum Preis von 20000 Mark für den neu erbauten Meininger Schützenhaussaal zu bestellen. Reger legte offenbar aus aufführungspraktischen Gründen Wert auf einen fahrbaren Spieltisch und mußte dem Herzog am 13. März 1913 berichten, daß nach seinen Erkundigungen fahrbare Spieltische von Sauer nicht gebaut würden, wohl aber von der Fa. Steinmeyer, Oettingen (Briefe Herzog Georg, 432 f.). Der Herzog erklärte sich daraufhin mit der Auftragsvergabe an Steinmeyer einverstanden, und die Orgel wurde im Februar 1914 aufgestellt.

Johannes Steinmeyer hat mit Reger in Meiningen Verhandlungen über Einzelheiten des Orgelbaus geführt, doch ist nicht mehr feststellbar, inwieweit Reger dabei etwa auf die Dispositionsgestaltung Einfluß genommen hat. (Nach frdl. Mitteilung von Herrn Orgelbaumeister Fritz Steinmeyer, Oettingen, vom 8. 1. 1982 sind über dieses Projekt im Firmenarchiv keinerlei Unterlagen mehr vorhanden.) Am 21. Februar 1914 fand die Orgelabnahme statt, aus dem Gutachten Regers wurde folgender Absatz publiziert: „*Diese Orgel ist ganz vorzüglich zu nennen; alle Register sind höchst charakteristisch intoniert; die Spielart ist äußerst präzise, die Anordnung des Spieltisches sehr praktisch; der Klang des vollen Werkes ist von besonderer Schönheit und Kraft. Kurzum: man kann sowohl dem Schützenhaus Meiningen wie der rühmlichst bekannten Firma Steinmeyer & Co. nur aufs beste zu dieser ganz vorzüglichen Orgel, deren verstellbarer Spieltisch sich bestens bewährt hat, gratulieren*“ (Zeitschrift f. Instrumentenbau 35, 1914/15, 88).

Die Disposition zeigt deutlich die Einflüsse der „elsässischen Orgelreform“: Alle Manualwerke sind mit Mixtur und Zunge besetzt, das Schwellwerk mit zerlegtem Kornett, im Pedal tritt sogar ein Choralbaß 4' auf. Da die von Reger noch 1912 in Salzungen so sehr vermißte Klarinette auch hier fehlt und das Registerkontingent dem zu dieser Zeit bei Steinmeyer gebräuchlichen völlig entspricht (vgl. die Disposition der 1912 von Steinmeyer erbauten Christuskirchenorgel in Mannheim in Ars Organi 24, 1976, 2380), dürfte sich Reger darauf beschränkt haben, die vom Orgelbauer vorgeschlagene Disposition zu billigen:

I. MANUAL C–c^4		II. MANUAL C–c^4		III. MANUAL C–c^4	
Rohrflöte	16'	Geigenprinzipal	8'	(im Schweller)	
Prinzipal	8'	Konzertflöte	8'	Stillgedeckt	16'

Viola di Gamba	8'	Quintatön	8'	Hornprinzipal	8'
Doppelgedackt	8'	Bourdon	8'	Jubalflöte	8'
Gemshorn	8'	Dulziana	8'	Nachthorn	8'
Oktave	4'	Hohlflöte	4'	Echogamba	8'
Rohrflöte	4'	Violine	4'	Salizional	8'
Quinte	2⅔'	Flautino	2'	Vox coelestis ab c^0	8'
Oktave	2'	Mixtur 3fach	2'	Praestant	4'
Mixtur 4fach	1⅓'	Oboe	8'	Fernflöte	4'
Trompete	8'			Nazard	2⅔'
				Blockflöte	2'
				Terz	1⅗'
				Progr. harm. 3–4fach	2⅔'
				Tuba	8'
				(Tremolo)	

PEDAL C–f^1

Kontrabaß	16'		Violoncello	8'	
Subbaß	16'		Gedecktbaß	8'	TR aus III
Zartbaß	16'	TR aus III	Choralbaß	4'	
Quintbaß	10⅔'		Posaune	16'	
Oktavbaß	8'		Baßtrompete	8'	TR aus I

SPIELHILFEN
Normalkoppeln, Super- und Suboktavkoppel in III, 2 Freie Kombinationen, Walze, Pianopedal, Leerlauf I, Generaltutti, Walze ab, Zungen ab, Handregister ab.

Mixtur I

C					1⅓'	1'	⅔'	½'
f^0				2'	1⅓'	1'	⅔'	
f^1			2⅔'	2'	1⅓'	1'		
f^2		4'	2⅔'	2'	1⅓'			
c^3	4'	4'	2⅔'	2'				

Mixtur II

C			2'	1⅓'	1'
f^0		2⅔'	2'	1⅓'	
c^2	4'	2⅔'	2'		

Progressio harmonica III

C			2⅔'	2'	1⅓'
c^0		4'	2⅔'	2'	
c^1	5⅓'	4'	2⅔'	2'	

Die Orgel wurde 1937 von Meiningen an die Ev. Gemeinde Berlin-Haselhorst verkauft und in der dortigen Weihnachtskirche unverändert aufgestellt. Bei der Umgestaltung dieses Raumes 1971 wurden die stummen Prospektpfeifen durch ein hölzernes Gitterwerk ersetzt. Den Vorschlag des Herzogs, Reger möge auf der neuen Orgel ein Konzert geben, lehnte dieser ab: „*. . . ich habe vor 20 Jahren wirklich sehr gut gespielt, allein jetzt ist meine Pedaltechnik so sehr ‚eingerostet', daß ich mich öffentlich nicht mehr hören lassen kann. Ich* *habe aber den Plan schon gefaßt, unseren besten Deutschen Organisten Herrn Prof. K. Straube (Leipzig) zu bitten, daß er Ende April a. c. in Meiningen ein Orgelkonzert gibt . . .*" (Briefe Herzog Georg, 570). Nach einigem Hin und Her wegen des Honorars – Reger wollte Straube 500 Mark zukommen lassen, immerhin der Betrag seines eigenen Monatsgehalts als Generalmusikdirektor! – konnte Reger Straube am 25. März einladen: „*Die Orgel hat drei Manuale; ist nach unseren Begriffen klein. Du sollst nun diese Orgel offiziell einweihen in einem Concert.* [. . .] *Wenn Du mit den Pausen 1½ Stunden orgelst, so ist das vollständig genug; also zu große Sachen darfst Du hier nicht spielen*[1]*) es verstehen die Leute dann nicht und*[2]*) ist auch die Orgel zu klein. Du nimmst: Bach, Mendelssohn, Reger. Für mein BACH reicht die Orgel kaum aus. Auch möchte ich Dir sehr dringendst empfehlen, daß Du einige ‚sanfte Heinriche' spielst; Du hast ja eine Masse solcher Dinge von mir (Besonders in meinem op. 129, Bote & Bock.)*" (Straube-Briefe 1986, 233 f.). Das Programm des dann am 19. April stattfindenden Konzerts ist nicht überliefert, es brachte einen Reingewinn von 135 M (Briefe Herzog Georg, 596).

Wenn Reger am 14. Oktober 1914 an Straube schreibt: „*Ein neues großes Orgelwerk kristallisiert sich da*" (Briefe 1928, 291), so war die neue Schützenhausorgel vielleicht das auslösende Moment, denn das Mitte Mai 1915 abgeschlossene Werk – Fantasie und Fuge d-Moll op. 135b – zeigt recht obertönige Registrierungsanweisungen, die sich ausnahmslos auf der Meininger Orgel realisieren lassen.

Am 28. Mai 1913 macht Reger auf der Reise zum Elsaß-Lothringischen Musikfest in Straßburg, wo er am 31. Mai ein Orchesterkonzert dirigieren sollte, Station in Freiburg und besucht die dortige Ogelbaufirma Welte. Diese Firma hatte ein Verfahren entwickelt, das es ermöglichte, das Spiel von Tasteninstrumenten durch das Stanzen von Löchern auf einem Papierstreifen zu fixieren und mittels dieser perforierten Rollen auf pneumatischem Wege zu reproduzieren (Binninger 1986). Zunächst wurden selbstspielende Klaviere mit solchen Vorrichtungen ausgestattet und fanden unter der Bezeichnung „Welte-Mignon-Flügel" Verbreitung. Reger hatte bereits am 8. Dezember 1905 in Freiburg eine Reihe von Klavierstükken eingespielt. Das Prinzip wurde auch auf die Orgel übertragen, und zwischen 1912 und 1922 lud die Firma eine Reihe prominenter Organisten und Orgelkomponisten nach Freiburg ein, um auf der „Welte-Philharmonie-Orgel" solche Aufnahmen einzuspielen, darunter neben Reger u. a. auch Joseph Bonnet, Eugène Gigout, Karl Straube und Marco Enrico Bossi. In einem Prospekt der Firma ist Max Reger an der Welte-Orgel spielend abgebildet, dazu sein Urteil über das Instrument vom 26. Juli 1913: „*Die Welte-Philharmonie-Orgel hat mir ganz ausgezeichnet gefallen, ich wünsche diesem Instrument die weiteste Verbreitung.*" Nach erhalten gebliebenen Aufnahmerollen Regers wurde 1963 die Schallplatte *Max Reger spielt eigene Orgelwerke* (Columbia 80666) produziert (1973 wiederveröffentlicht als EMI 16053–28925). Dazu wurde eine zweimanualige Welte-Orgel mit Spielvorrichtung benutzt, die ca. 1912 erbaut, 1916 nach Stuttgart verkauft und 1937 in Wipperfürth aufgestellt worden war, wo die Schallplattenaufnahmen unter Mitwirkung von Prof. Dr. Hans Klotz und Orgelbaumeister Werner Bosch stattfanden. Das Instrument befindet sich seit 1969 in Seewen/Schweiz im Besitz eines Sammlers (Bosch, 1963, Weiss-Stauffacher 1970). Diese Einspielung mit Max Reger enthält folgende Werke: op. 56 Nr. 3 Fuge; op. 59 Nr. 9 + 11;

op. 65 Nr. 9; op. 67 Nr. 20, 23, 33, 45, 50, 52; op. 69 Nr. 4; op. 80 Nr. 8; op. 85 Nr. 3, Präludium.

Die Vermutung, daß der unbefriedigende Eindruck dieser Aufnahmen weniger auf mangelhafte organistische Fertigkeiten Regers als auf Unzulänglichkeiten der bei dieser Einspielung benutzten Orgel, der Rollen oder der Abspielanlage zurückgeht, wird durch eine zweite Schallplattenproduktion bestärkt, die offensichtlich unter günstigeren Umständen entstand. Die Schallplatte *Welte-Philharmonie-Orgel* (Intercord INT 160.857) enthält folgende Werke: op. 56 Nr. 3, Fuge; op. 65 Nr. 9; op. 67 Nr. 23 + 45; op. 80 Nr. 8; op. 92 Nr. 4. Außerdem existieren folgende, bislang noch nicht in Schallplatteneinspielungen vorliegende Rollen: op. 67 Nr. 25; op. 69 Nr. 8; op. 80 Nr. 5.

Peter Hagmann hat in seiner gründlichen Untersuchung des Welteschen Verfahrens gezeigt, daß die Übereinstimmung zwischen der Laufgeschwindigkeit der Rollen bei Aufnahme und Wiedergabe bei den Welteschen Philharmonie-Orgeln nicht überprüfbar ist (Hagmann 1984, 98ff. u. 177ff.). Die Wiedergabegeschwindigkeit läßt sich bei diesen Instrumenten innerhalb gewisser Grenzen frei wählen, und so erklären sich die Tempounterschiede beim Vergleich der beiden vorliegenden Schallplatteneinspielungen mit den gleichen Regerschen Rollen:

	EMI 16053–28925	Intercord INT 160.857
op. 56, 3	5' 30"	6' 21"
op. 67, 45	2' 25"	2' 33"
op. 69, 9	6' 15"	7' 30"
op. 80, 8	3' 54"	4' 56"
op. 67, 23	1' 28"	1' 35"

Das Verhältnis zwischen den Spielgeschwindigkeiten ist nicht einmal gleichbleibend, und wir werden also aus diesen Aufnahmen über die authentischen Tempi Regers keine ganz präzisen Aufschlüsse erhalten, aber immerhin gewisse Annäherungswerte, auch einen Eindruck von der großen agogischen Freizügigkeit seines Spiels.

Nicht unproblematisch ist auch die Frage nach der Behandlung des Instruments. Die Fa. Welte stellte verschiedene Typen von Orgeln her, deren Größe zwischen 16 und 26 Registern lag. An welchem Instrument Reger die Aufnahmen einspielte, auf welche Disposition sich also seine Registrierungen bezogen, ist nicht unzweifelhaft überliefert. Das für die Schallplatteneinspielungen von 1963 verwendete Instrument ist sicher ca. 1930 im neobarocken Sinne umdisponiert worden, hat also keinerlei Aussagewert über Regers Originalregistrierungen. Das für die Einspielung der Fa. Intercord verwendete Werk im Museum für mechanische Musikinstrumente in Linz/Rhein ist original erhalten, doch weicht die vor allem auf die Wiedergabe von transkribierten Orchesterwerken ausgerichtete Disposition so sehr von den damals gebräuchlichen Orgeln dieser Größenordnung ab, daß auch hier Regers Registrierungen nicht ohne weiteres als repräsentativ für seine Klangvorstellungen gelten können.

I. MANUAL C–a^3	
Prinzipal	8’
Flûte traverse	8’
Viola di Gamba	8’
Voix céleste	8’
Viola d’orchestre	8’
Flöte	4’
Harfe	

II. MANUAL C–a^3	
Bourdon	8’
Viola	8’
Flûte viennoise	8’
Aeoline	8’
Clarinette	16’
Hautbois	8’
Trompette	8’
Cor	8’
Voix humaine	8’
Tremulant	

PEDAL C–f^1	
Subbaß	16’
Bourdon douce	16’
Cello	8’

Zahlreiche Spielhilfen
Generalschweller

Die Orgelwerke op. 135 a und op. 145 wurden angeregt durch den Meininger Stadtkantor August König, der bei sieben Konzerten assistierte, die Reger zwischen September 1914 und Januar 1916 in der Meininger Evangelischen Kirche veranstaltete. König bat Reger, *„für unsere Verhältnisse doch Werke zu schaffen, die auf einer mechanischen Orgel zu bewältigen seien. Er versprach es und kündigte seine Werke op. 135 a und das Sammelopus 145 – Gebrauchsmusik für die Höhepunkte des Kirchenjahres – an.“* (Walter 1978, 39). Die Stücke op. 145 entsprechen nach dem Zeugnis Königs den Improvisationen, mit denen Reger die genannten Konzerte ebenso wie einige musikalische Veranstaltungen 1913/14 in der Katholischen Stadtpfarrkirche Meiningen abschloß. Die Orgeln der beiden Meininger Kirchen waren rein mechanische Instrumente. In der ev. Kirche stand eine 1889 erbaute Kegelladenorgel der Fa. B. Schlimbach, Würzburg, mit II/39, der kath. Pfarrkirche hatte Hans v. Bülow 1881 eine Orgel der Gebr. Dinse, Berlin, mit II/11 gestiftet. Beide Instrumente haben den Komponisten nicht inspiriert. Über die Orgel der ev. Stadtkirche hat sich Reger sehr bezeichnend geäußert: *„Die Mechanik ist ganz veraltet, funktioniert schlecht* [. . .] *Disposition selbst ist unglücklich. Wenn seinerzeit Meister Brahms mit dieser Orgel zufrieden war, so ist das eben dadurch zu erklären, daß B. eigentlich nie mit der Orgel an sich zu tun hatte, das Instrument ja selbst nicht spielte u. eben gerade seit Brahms Tode die Orgelbautechnik enorme Fortschritte gemacht hat.“* (Briefwechsel Herzog Georg, 58). Reger hat sich vor allem in op. 135 a an den im Vergleich zu den modernen pneumatischen Orgeln begrenzten Möglichkeiten solcher Orgeln orientiert, um den Bedürfnissen der zahlreichen Organisten entgegenzukommen, die auch in ersten Jahrzehnten des 20. Jahrhunderts noch an solchen Instrumenten amtierten.

SUSANNE POPP

Zur Quellenlage der Regerschen Orgelwerke

Die Geschichte der Regerschen Orgelhandschriften ist zugleich eine der Freundschaft mit seinem Interpreten Karl Straube. Kennengelernt hatten sich die gleichaltrigen Musiker am 1. April 1898 in Frankfurt/M., als Straube während dreier Orgelabende auch Regers Orgelsuite op. 16 vortrug. Die Neugier aufeinander wird groß gewesen sein – Reger und Straube hatten, von unterschiedlichen Vorbedingungen ausgehend, ein gemeinsames Ziel: die Erneuerung der im 19. Jahrhundert zu einem Schattendasein verbannten Orgelmusik.
1873 geboren, hatten beide eine frühe musikalische Ausbildung erhalten, dabei jedoch aufgrund ihrer unterschiedlichen Herkunft und konträren Charaktere eine entgegengerichtete Entwicklung genommen. Straube, der aus großbürgerlichem Hause stammte und in der Großstadt Berlin aufwuchs, war auf dem besten Wege zu einer internationalen Interpretenkarriere. Reger dagegen hatte zunächst nur mühsam seinen in der Oberpfälzer Kleinstadt Weiden lebenden Eltern die Zustimmung zum Musikstudium abgerungen, hatte bis 1893 eine fundierte Ausbildung bei Hugo Riemann genossen, konnte und wollte jedoch dessen große Erwartungen nicht erfüllen. Statt in den vorgeschriebenen Bahnen zu komponieren, nahm er einen eigenwilligen und zu allen herrschenden Strömungen oppositionellen Weg. Fehlschläge waren nahezu vorprogrammiert, in deren Folge Reger zunehmend in Depressionen verfiel. In einer gewaltigen Anstrengung gelang es ihm, die Schaffenskrise einmal zu durchbrechen – er schrieb als sein erstes großes Orgelwerk die Suite e-Moll op. 16, die er den *„Manen J. S. Bachs"* widmete und mit der Unterschrift schloß: *„Finis. Reger. Gott sei Dank. 23. July 1895"*. Das Werk wurde im folgenden Jahr von dem Londoner Verleger Augener gedruckt und geriet so in die Hände Karl Straubes, der es am 4. 3. 1897 in Berlin zur Uraufführung brachte.*
Das Original dieses Jahre vor der persönlichen Begegnung mit Straube entstandenen Werkes ist im Besitz des Schott-Verlags erhalten geblieben. Es umfaßt 40 Seiten, ist sauber und ohne auffällige Verbesserungen geschrieben und trägt schon alle Merkmale der Regerschen Handschrift. Sie ist zweifarbig, d. h. mit schwarzem Notentext und roter Vortragsbezeichnung notiert, enthält originale Register-, Tempo- und dynamische Angaben und zeigt keine Spuren eines fremden Einwirkens. Ein Vergleich mit dem Erstdruck zeigt wenige, wahrscheinlich beim Korrekturvorgang entstandene Abweichungen.
Der Berliner Uraufführung mit glänzendem Ergebnis für den Interpreten und zurückhaltender Kritik für den Komponisten folgte die persönliche Begegnung in Frankfurt, wo Reger erstmals sein Werk hörte, gesundheitlich aber in derart schlechter Verfassung war, daß er am dritten Konzertabend nicht mehr teilnehmen konnte. Kurze Zeit darauf mußte er, körperlich und seelisch krank, in sein Elternhaus nach Weiden zurückkehren.

Straube hatte sowohl die Genialität Regers als auch dessen gefährdeten seelischen Zustand wohl erkannt. Zwar existieren keine Dokumente aus der frühen Weidener Zeit, jedoch muß Straube sich um die neu gegründete Freundschaft bemüht, Reger den Glauben an sich selbst wiedergegeben, vielleicht sogar den direkten Anstoß zu den nun in unglaublichem Tempo entstehenden Orgelwerken gegeben haben. Sowohl die Wahl der Gattung – die Choralfantasie hatte Straubes Lehrer Heinrich Reimann drei Jahre zuvor aus der Vergessenheit gezogen[1] – als auch die Widmung *„Seinem lieben Freunde Karl Straube“* deuten auf Straubes Einfluß hin.

Vor allem schlägt sich die Beziehung in einer gänzlich neuen Quellenlage nieder. Mit Opus 27 beginnt die Tradition der Doppelhandschriften, die so viele offene Fragen und Geheimnisse birgt, daß die Musikwissenschaft bis heute kein unwiderlegbares Bild der Sachlage bieten kann. Von Opus 27 an – d. h. seit der persönlichen Begegnung – schreibt Reger von seinen großen Orgelwerken zwei Autographe – ein Exemplar für Straube, eins für den Verlag –, die zum Teil gravierend voneinander abweichen, dabei jedoch nur in Einzelfällen die Reihenfolge ihrer Entstehung eindeutig rekonstruieren lassen. Aus anderen Kompositionsbereichen sind nur wenige Doppelmanuskripte bekannt, die meist als Widmungsexemplare für verdienstvolle Interpreten entstanden sind (Cellosonate op. 28, Violinsonate op. 72, einzelne Lieder).

Die aus dem Sachverhalt zweier Fassungen entstehende Fragestellung ist komplex. Die erste nach der gültigen, vom Komponisten autorisierten Fassung ist bei Reger leicht und pauschal zu beantworten. Da er stets peinlich genau die Drucklegung und Korrektur seiner Werke überwachte, ist bei allen zu Lebzeiten erschienenen Kompositionen allein der Erstdruck und nicht die eine oder andere Handschrift als autorisierte Fassung anzusehen. Von Werk zu Werk differenziert behandelt werden muß dagegen die Frage nach der Genesis dieser gedruckten Endfassung, nach den Zwischenstadien der Komposition und nach der jeweiligen Motivation der Änderungen.

Die erhaltenen Briefe – wie gewohnt sind nur die Regerschen, nicht die Antwortschreiben und auch diese nur abschriftlich erhalten (Straube-Briefe 1986) – geben wenig Aufschlüsse über das Werden beider Fassungen, über etwaige Fragen Regers und Vorschläge Straubes. Fast scheint es, als seien alle diesbezüglichen Dokumente vernichtet worden, um das Geheimnis der Werkentstehung zu wahren. Der erste Brief datiert nämlich vom Mai 1901, als das letzte Weidener Orgelwerk – die *Symphonische Phantasie und Fuge* op. 57 – bereits geschrieben ist. In ihm bittet Reger Straube, sich selbst um eine Abschrift des Autographs zu bemühen, bricht also mit der Weidener Tradition, Straube frühzeitig und im diskussionsoffenen Zustand ein Werk zur Beurteilung bereitzustellen. Er zeigt sich damit emanzipiert und mit neuem Selbstbewußtsein gestärkt, aus dem heraus er sich auch wenige Wochen darauf aus der Weidener Isolation heraus in die kämpferische Musikmetropole München begibt.

In Ermangelung authentischer Aussagen Straubes ist der Betrachter darauf angewiesen, aus dem Bild der Handschriften und dem Vergleich der Fassungen mit den Drucken seine Schlüsse zu ziehen, nicht immer mit befriedigendem und unwiderlegbarem Ergebnis.

Allein schon die Aussage, daß alle Weidener Werke in zwei Handschriften angefertigt wurden, ist eine Hypothese, für die viele Indizien sprechen, die aber nicht in allen Fällen durch die Originale selbst belegt wird. Von den beiden ersten Weidener Orgelkompositionen – der Choralphantasie op. 27 und der *Phantasie und Fuge* op. 29 – existieren nur noch je ein Ex-

1 Phantasie über den Choral *„Wie schön leuchtet der Morgenstern“* op. 25, Berlin 1895.

emplar, die auf Umwegen aus dem Straube-Nachlaß in das Bonner Max-Reger-Institut gelangten. Beide tragen Spuren des Gebrauchs an den Wendestellen und weisen sich durch blaue Eintragungen von Pedalsätzen und Phrasierungsbögen als Straubes Aufführungsmaterial aus. Tatsächlich muß er beide Werke aus diesen Autographen zur Uraufführung gebracht haben, die jeweils Monate vor der Drucklegung, ja sogar vor dem Einreichen in den Verlag stattfand (Opus 27: Komposition in den Sommermonaten 1898, Uraufführung im Willibrordi-Dom in Wesel am 13. 9. 1898; April 1899 im Forberg-Verlag/Leipzig erschienen; Opus 29: autographe Schlußeintragung: *„Fine. Max Reger, Weiden Oberpfalz. 25. Okt. 1898“*, Uraufführung im Willibrordi-Dom im Herbst 1898, Erstdruck Forberg-Verlag 1899).

Für die vormalige Existenz eines zweiten für den Verlag angefertigten Exemplar sprechen mehrere Indizien. Die erhaltenen Handschriften blieben in Straubes Besitz und tragen weder praktische Hinweise für den Stecher noch Verlagsstempel oder andere Zusätze, die sie als Druckvorlage ausweisen könnten. Da beide Werke abweichend von den folgenden beim Leipziger Forberg-Verlag erschienen, scheinen ihre Druckvorlagen ein gemeinsames Schicksal erfahren zu haben und vernichtet worden zu sein. Der allein mögliche Vergleich ihrer für Straube angefertigten Autographe mit dem Erstdruck zeigt nur wenige, im Verhältnis zu späteren Werken leichte Varianten.

Mit der Choralphantasie *„Freu' dich sehr, o meine Seele“* op. 30 – unmittelbar nach Opus 27 komponiert und ursprünglich mit ihm als Opus a und b zu einem Werk zusammengefaßt – wechselte Reger zum Münchner Jos. Aibl Verlag über, von dem auch die folgenden Weidener Orgelwerke bis einschließlich Opus 57 verlegt wurden. Sämtliche als Druckvorlagen dienende Manuskripte blieben erhalten und befinden sich heute im Besitz der Wiener Universal-Edition.

Zwischen Uraufführung und Drucklegung verging auch in diesem Fall ein gutes halbes Jahr (Komposition im Sommer 1898, Uraufführung am 13. 9. 1898 durch Straube im Willibrordi-Dom, Erstdruck 1899), Zeit genug, eventuelle Änderungsvorschläge Straubes aufzunehmen. Ein Vergleich von Verlags- und Straube-Exemplar (Universal-Edition und Max-Reger-Institut) läßt allerdings nur geringfügige Abweichungen im Notentext erkennen – vorwiegend Schreibvarianten durch enharmonische Verwechslung, unterschiedliche Halsung oder Warnungsakzidentien. Das Verlags-Exemplar ist viel konzentrierter auf 19 statt 28 Seiten notiert, was nicht unbedingt für seine spätere Entstehung spricht, zumal es – im Gegensatz zum Straube-Exemplar – fein ausgeführte Korrekturen enthält.

Ganz anders stellt sich die Sachlage bei der I. Orgelsonate fis-Moll op. 33 dar, deren zwei erhaltene Exemplare (Universal-Edition und Max-Reger-Institut) erheblich voneinander abweichen. Die Druckvorlage ist eindeutig später geschrieben, denn sie arbeitet bereits eine Vielzahl der in Straubes Exemplar nur lose beigefügten Änderungen und Ergänzungen in den Notentext ein, trägt dabei allerdings eine auffallend frühe Schlußdatierung: *„Weiden. 3. März 1899“*. Der Uraufführung durch Straube am 14. Juni 1899 folgten Wochen, ehe das Werk dem Verlag eingereicht wurde.

Würde es eines Beweises bedürfen, daß die Freunde schon vor Mai 1901 miteinander korrespondierten, so wäre dieses Straube-Exemplar zu nennen. Zwischen den Notentext eingeschobene Bleistiftanmerkungen – Fragen Straubes und Antworten Regers – deuten darauf hin, daß die Handschrift an Stelle oder in Begleitung eines Briefes ausgetauscht wurde und als Arbeitsunterlage für das noch nicht letztgültig formulierte Werk der späteren Druckfasssung diente. In diesem Sonderfall einmal sind Straubes Vorschläge nachweisbar, weil schriftlich fixiert. Fragt Straube z. B. im Piu Andante-Teil des Intermezzo *„Triller? warum nicht weglassen? Das Thema wird klarer. Außerdem Pedalpartie vielleicht im 6/4 weiter?“*, so antwortet Reger mit der Streichung eines Teiles der Triller und dem Kommentar *„Im Manual alle Triller nicht spielen, sondern nur die Viertel“*; der Frage auf derselben Seite *„hier nicht besser ‚un poco mosso'?“* begegnet er mit zustimmender Unterstreichung der neuen Tempoangabe und dem Ausruf *„Ja!“* sowie der sofort mit Tinte durchgeführten Änderung. Es würde zu weit führen, in diesem Zusammenhang alle Varianten zu nennen. Jedoch wäre eine Veröffentlichung dieser Vorform sehr wünschenswert, zumal sich nicht nur überklebte Partien freilegen ließen, sondern auch zwei Variationen in der Passacaglia erhalten und mit dem Kommentar eingeklammert sind: *„die beiden eingeklammerten Variationen habe ich total anders gemacht!“* Ihre Neufassung ist dem Straube-Exemplar auf einem Extrablatt beigefügt, während sie in das Verlags-Exemplar bereits eingearbeitet ist und im Erstdruck veröffentlicht wurde.

Anders verhält es sich mit vier ebenfalls dem Straube-Exemplar beigefügten autographen Notenseiten, die fünf weitere, vor die letzte Variation der Passacaglia einzufügende Variationen enthalten. Sie sind ausdrücklich mit dem Kommentar versehen: *„Für Herrn Karl Straube hinzucomponiert. M. Reger“*, und erscheinen weder im Verlags-Exemplar noch in der Druckfassung. Im Gegenteil verweist ihre Numerierung 23 a–d auf die entsprechende Seite des Erstdruck und liefert so einen Beweis ihrer nachträglichen Entstehung.

Erlaubt im vorstehenden Fall die mit Kommentaren angereicherte Handschrift selbst einen Einblick in die Genesis eines Werkes, so hat bei der folgenden Choralphantasie *„Wie schön leucht't uns der Morgenstern“* op. 40,1 ausnahmsweise einmal Straube sein Schweigen gebrochen und über das Zustandekommen zweier Fassungen berichtet. Dem Straube-Exemplar (im Max-Reger- Institut) sind vier Seiten in Straubes Handschrift eingelegt, die im Verlags-Exemplar (in der Universal-Edition) bereits an Stelle der ursprünglischen 2. Strophe stehen. Die Druckvorlage trägt das Abschlußdatum *„2. Okt. 1899“*, wird im Januar 1900 dem Verlag eingereicht, nachdem Straube das Werk schon am 24. Oktober 1899 in Wesel uraufgeführt hatte.

Straube berichtet über das Zustandekommen der Variante: *„Reger hatte in der ersten Fassung seiner Fantasie über ‚Wie schön leucht't uns der Morgenstern' – sie ist in meinem Besitz – die Choralmelodie im Verlauf des zweiten Verses ins Pedal gelegt und darüber eine äußerst nichtssagende dreistimmige Harmoniefolge gesetzt. Ich schrieb ihm von Wesel, wohin er die Handschrift mir zur Einsicht gesandt hatte, meine Ansicht und machte gleichzeitig den Vorschlag, eine melismatisch geführte Variation einzufügen. Dieser Anregung ist er gefolgt und in so meisterhafter Weise, daß niemand diese Stelle als ein nachkomponiertes Gebilde erkennen würde, im Gegenteil, den Zartfühlenden unter den Zuhörern gilt diese Variation als Höhepunkt der ganzen Reihe . . .“* (Straube 1976, 106).

Dieses Bekenntnis beweist, daß inhaltsreiche Briefe schon vor 1901 ausgetauscht wurden und macht darüber hinaus auch Umfang und Gewicht der Straubeschen Einflußnahme bis in Kompositionsdetails deutlich.

Fast scheint es, als hätten die Doppelhandschriften der folgenden Werke (op. 40, Nr. 2, 46 und 52, Nr. 1) eine andere Funktion zu erfüllen gehabt als ihre Vorgänger (op. 33 und 40, Nr. 1). Sie scheinen Straube nicht mehr zur Beurteilung eines Werkes vor seiner endgültigen Formulierung vorgelegt worden zu sein und als Diskussionsgrundlage der späteren Druckvorlage gedient zu haben. Sie scheinen oft nahezu gleichzeitig geschrieben, zumindest gleichzeitig aus der Hand gegeben zu sein mit den Druckexemplaren und sind so eher als großzügige Schenkung und Widmung an den verdienstvollen Interpreten anzusehen, die dem Freund eine frühzeitige Vorbereitung der Uraufführung vor Erscheinen der Werke ermöglichten. Abweichungen weisen eher auf Flüchtigkeit als auf Bedacht hin, eine eventuelle Einflußnahme Straubes auf die Werkentstehung könnte allenfalls vor der Fertigstellung und Übergabe beider Handschriften erfolgt sein, liegt also im Vorfeld des schriftlich Formulierten und läßt sich nicht verifizieren.

So trägt beispielsweise das Straube-Exemplar der Choralfantasie *„Straf' mich nicht in deinem Zorn"* op. 40, 2 (Max-Reger-Institut) die Schlußeintragung: *„Viel Vergnügen, lieber Karl! Fine. Max Reger. 29. Nov. 1899. Bitte dieses Manuskript zu behalten!"*, was wohl beweist, daß das kurz darauf dem Verlag eingereichte Druck-Exemplar bereits besteht. Und im Falle der folgenden *Phantasie und Fuge über BACH* op. 46 hat Reger ausnahmsweise sogar einmal in beiden Handschriften eine Schlußdatierung eingetragen, die kaum voneinander abweicht. Das Straube-Exemplar (Privatbesitz) schließt mit der Bemerkung: *„Viel Vergnügen, lieber Carl! Dieses Originalmanuskript ist Eigenthum des Herrn Karl Straube. Max Reger. 19. Febr. 1900. Fine."*, das Verlags-Exemplar dagegen mit den Worten: *„Max Reger. 17. Februar. Weiden, bayerische Oberpfalz. begonnen 10. Febr. vollendet 17. Febr. 1900."* Als Beweis für die primäre Niederschrift des Verlags-Exemplars kann diese Datierung kaum dienen, zumal Reger nach brieflicher Mitteilung noch über eine Woche mit der Ausarbeitung des Werkes, d. h. mit der Eintragung der roten Vortragsbezeichnung und der abschließenden Korrektur beschäftigt war.

Eine vergleichbare Quellenlage besteht auch bei der Fantasie *„Alle Menschen müssen sterben"* op. 52, Nr. 1. Ohne Hinweis auf die beiden später zu einem Opus beigefügten Nummern 2 und 3 scheint Reger sie mit der Widmung *„Exemplar des Herrn Karl Straube"* auf der Titelseite und der Schlußbemerkung *„Recht inniges Vergnügen, lieber Carl! Im Falle es beim Anhören dieses ‚Verbrechens' Todte geben sollte, übernehme ich die Beerdigungskosten. Besten Gruß Dein alter Organiste Max Reger"*, in fertigem und weitgehend mit der Druckvorlage identischem Zustand Straube geschickt zu haben. Einflußmöglichkeiten auf die endgültige Werkgestalt bestanden nicht mehr.

Ganz anders ist der Quellenbefund der Wachet-auf-Fantasie und der Halleluja-Fantasie op. 52, Nr. 2 und 3. Während die Verlags-Exemplare (Universal-Edition) in gewohnter Weise äußerst sorgfältig geschrieben sind, bieten die beiden Straube-Exemplare (Max-Reger-Institut) ein flüchtiges und langsam ins Skizzenhafte übergehendes Bild. In der Fuge von *„Wachet auf"* fehlt die Unterlegung des Choraltextes, ab T. 131 fehlen auch alle Vortragsbezeichnungen. In *„Halleluja, Gott zu loben"* fehlen sämtliche Vortragsbezeichnungen, die Notierung wird immer sporadischer, um sieben Takte vor dem späteren Schluß mit der Bemerkung zu schließen: *„von hier ab gleich rein ins Druckexemplar komponiert. Dies Originalmanuskript ist Eigenthum des Herrn Karl Straube. Max Reger."* Beide Handschriften ha-

ben die Funktion eines nur zu Beginn weitgehend ausgearbeiteten Entwurfs, von dem die Endfassungen entsprechend stark abweichen. Ob sie auch als Diskussionsgrundlage mit dem Freund gedient haben, läßt sich anhand der Quellen nicht ermitteln[2]. Die Datierung auf beiden Titelblättern jedenfalls – *„22. Okt. 1900"* – der zumindest im Falle der Wachet-auf-Fantasie eine Schlußeintragung *„15. September 1900"* gegenübersteht, bezieht sich auf den Tag der Manuskriptschenkung, der die Ausarbeitung der Druckvorlage sowie das Einreichen an den Verlag lange vorausgegangen war. Wie schon berichtet, traten die Beziehungen der Freunde mit der nächsten Orgelkomposition, der *Symphonischen Phantasie und Fuge* op. 57, in eine neue Phase. Mit der Bitte, sich eine Kopie der fertigen Handschrift herstellen zu lassen, nahm Reger Straube die Einwirkungsmöglichkeit auf die Endfassung. Es scheint daher kein Zufall zu sein, daß Straube mit diesem Werk hinsichtlich seiner Aufführungsvorschriften nur wenig zufrieden war. Über seine abweichenden Interpretationsbezeichnungen berichtet Straubes Schüler H. Wunderlich (s. Seite 64 ff.). Eine Berechtigung für seine Eingriffe gab ihm die wachsende Überzeugung, Reger habe sich nicht artikulieren und seine künstlerischen Vorstellungen nicht ins Notenbild umsetzen können.
Mit dem Umzug nach München begann für Reger eine neue Schaffensperiode, die sich durch einen heftigen Kampf um Anerkennung im Konzertleben sowie durch eine Verlagerung seines kompositorischen Interesses auf neue Werkbereiche auszeichnete. Nachdem Straube mit großem Erfolg auf der Baseler Tonkünstlerversammlung im Juni 1903 Regers Opera 27 und 57 vorgetragen hatte, schlug er Reger die Komposition eines weiteren, nicht choralgebundenen Orgelwerkes vor, das sich zum Konzertvortrag eigne. Reger setzte den Vorschlag in den anschließenden Sommerferien in die Tat um, beendete das Werk laut autographer Schlußeintragung am 16. 9. 1903 und schickte es wenige Tage später seinen neuen Verlegern Lauterbach & Kuhn nach Leipzig (heute im MRI). Ein zweites Manuskript wurde nicht geschrieben. – Straube spielte das ihm zum Andenken an den 14. Juni 1903 – das Datum des Basler Konzerts sowie des Kompositionsanstoßes – gewidmete Werk erst im März 1905, zwei Tage nach der Uraufführung durch W. Fischer, als der Erstdruck längst erschienen war. Briefe aus der Entstehungszeit existieren nicht, statt dessen ist ein Schreiben Regers an Straube aus dem nächsten Jahr vorhanden, das darauf hinweist, daß Straube nicht mehr wie früher in das Werden und die Idee des einzelnen Werkes eingeweiht ist (s. Seite 89).
In den folgenden Jahren konzentrierte sich Reger mehr und mehr auf die großen Werke – die Chor- und Orchesterkompositionen, die auch für Straube aufgrund seiner Leipziger Tätigkeit an Interesse gewannen. Bei der Text- und Titelsuche war sein Rat sehr gefragt, seine Kritik in allen Kompositionsbereichen erwünscht und durch regelmäßige Treffen in Leipzig an halbfertigen Manuskripten ermöglicht. Vor allem waren es Kürzungen, die er Reger an oft schon vollständig ausgeführten Manuskripten vorschlug, und die der immer selbstkritischer werdende Komponist auch bis zur Rücknahme ganzer Abschnitte und – im Falle des Lateinischen Requiems – sogar ganzer Werke in die Tat umsetzte.
Im Bereich der Orgelmusik hatten Straubes meist beachtete Vorschläge für zwei weitere Werke Bedeutung. Die *Introduktion, Passacaglia und Fuge* op. 127, die Reger als Auftrags-

[2] Karl Straube hat das für ihn angefertigte Manuskript von *„Wachet auf"* zum Einstudieren benutzt und einige Eintragungen gemacht, die nicht zu den Quellen des Regerschen Werktextes gehören, aber als Dokumente zu Straubes Interpretation von Interesse sind (s. Seite 58).

werk der Stadt Breslau zur Einweihung der neuen Orgel in der dortigen Jahrhunderthalle komponierte, konnte Straube schon während ihrer Entstehung (April/Mai 1913) bei regelmäßigen Treffen in Leipzig abschnittweise kennenlernen. Das mit dem Abschlußdatum 16. Mai 1913 versehene Manuskript (MRI), das auffallend viele in unterschiedlichen Kompositionsstadien vorgenommene Kürzungen zeigt, wurde eine Woche später dem Verlag Bote & Bock mit der Vereinbarung übergeben, mit der Veröffentlichung die Uraufführung am 24. 9. 1913 durch Straube abzuwarten. Korrekturabzüge hatten bereits Mitte Juni vorgelegen, und es ist sehr wahrscheinlich, daß Straube die Uraufführung aus einem Bürstenabzug und nicht aus dem Manuskript vorbereitete. Zahllose Abweichungen zwischen Manuskript und Erstdruck beweisen, daß Änderungen im Zwischenstadium des Korrektur- und Aufführungsvorgangs erfolgten, deren Urheberschaft sich jedoch in Ermangelung von Dokumenten wie Korrekturabzügen oder Aufführungsmaterial nicht ermitteln läßt. Allein die geheimnisvolle Mitteilung Regers an seinen Hamburger Freund Hans von Ohlendorff: *„Einen Bürstenabzug von meinem neuen Orgelwerk op. 127 kann ich Dir leider nicht verschaffen; aus welchen Gründen, das werde ich Dir mündlich erzählen; es sind da eine Masse von Gründen“* (Briefe 1973, 214) scheint auf die Bedeutung des Korrekturgangs im Entstehungsprozeß hinzuweisen.
Mit der Mitteilung, an einem *„neuen Orgelwerk großen Stils“* zu schreiben, überraschte Reger Straube Ende April 1915 (Straube-Briefe 1986, 250). Ob ein geplantes Treffen stattfand, ehe Reger das stichfertige Manuskript am 17. Mai 1915 dem Simrock-Verlag zusandte, läßt sich nicht ermitteln. Allein die Diktion, mit der Reger nach Erhalt der Korrekturabzüge am 1. März 1916 Straube das Werk ankündigt, läßt vermuten, daß die Komposition für Straube eine Neuigkeit war: *„Ich sehe soeben die Korrekturbogen durch von meinem op. 135b: Fantasie und Fuge (d-Moll) für Orgel! Ein neues großes Orgelwerk! Ich hoffe sehr, Dir dasselbe im April dann geben zu können, gedruckt. Es hat 20 Druckseiten Umfang“* (Straube-Briefe 1986, 257).

Am 11. April 1916 traf Reger Straube in Leipzig, um ihm das neue Orgelwerk im Korrekturabzug zu zeigen. Schon am folgenden Abend schrieb er ihm: *„Die Änderungen in dem Orgelwerk hab' ich schon alle gemacht! Ich sende es morgen nach Berlin und lasse Dir sobald als möglich einen exemplarmäßigen Abzug machen.“* (Straube-Briefe 1986, 258). Beide Dokumente – sowohl der mit zahllosen autographen Änderungen und Überklebungen versehene und um ganze Seiten gekürzte Korrekturabzug, wie der auf seiner Grundlage erneut hergestellte weitere Abzug – sind im Max-Reger-Institut erhalten und bieten zusammen mit der bis vor kurzem unter einem falschen Datum bekannten und daher unverständlichen Karte eine Erklärung für die starken Abweichungen zwischen dem Manuskript (Bayerische Staatsbibliothek München) und dem erst nach Regers Tod erschienen Erstdruck.

Mit Auffinden der von Reger eigenhändig durchgeführten Änderungen und Kürzungen wurde zwar die zeitweilige Vermutung widerlegt, Straube selbst habe nach Regers Tod eigenmächtig, wenn auch in wohlmeinender Absicht die Eingriffe durchgeführt und zu verantworten; jedoch bieten gerade in diesem Fall die erhaltenen Quellen sichtbare Hinweise auf das Gewicht von Straubes Vorschlägen, das von der ersten Begegnung mit dem aus der Bahn geworfenen jungen Reger bis zum Tod des reifen und anerkannten Komponisten wirkte.

BERNHARD HAAS

Regers Werktexte als Interpretationsansatz

Es gibt zwei Verhältnisse zwischen Kompositionen und den klanglichen Mitteln ihrer Zeit (dem Instrumentarium und den Interpretationskonventionen): Die klanglichen Mittel der Zeit sind Basis der Klangvorstellung der Komponisten, andererseits verlangen Kompositionen etwas von ihrer klanglichen Realisierung und können dabei auch die klanglichen Mittel ihrer Zeit übersteigen. Beide Ansätze ergänzen sich methodisch, können aber durchaus zu konträren Ergebnissen führen. Das erstgenannte Verhältnis ist in den letzten Jahren (besonders auf alte Musik bezogen) oft untersucht worden, das letztere weniger. Dieses Verhältnis wird dadurch kompliziert, daß Partituren den Klang auf zwei Arten definieren: explizit mittels ihrer Zeichen und implizit mittels ihrer inneren Relationen. Die vorliegende Abhandlung untersucht an Beispielen einige Forderungen Regerscher Partituren an Instrument und Spieler.

Die Frühwerke op. 7 und op. 16 sind für zweimanualige Orgel konzipiert und weisen nur wenig Übergangsdynamik auf. Die Choralphantasie über *„Ein feste Burg ist unser Gott"* op. 27 läßt sich gut auf Orgeln in der Art der Wiesbadener Marktkirchenorgel spielen. Die Registrierungsvorschriften sind offenbar auf diese Orgel bezogen, obwohl die Forderung nach Registern, die es dort nicht gab (etwa Fugara 4'), zeigt, daß der Klang des Instruments für Reger nur Anregung, nicht verbindliche Vorstellung war. Aufschlußreich ist die Verwendung des III. Manuals: Reger verlangt es nur in der zweiten Strophe, die innerhalb des Gesamtwerks Piano-Teil ist. Es dient also der Abgrenzung dieses Teils, der dynamisch mittels Manual III charakterisiert wird. Seine dynamischen Vorstellungen gehen nicht über più f im III. Manual hinaus. Hier liegt offensichtlich der Gedanke an ein drittes Manual in der Art der Wiesbadener Marktkirchenorgel zugrunde (s. o. S. 9f.). In der Phantasie und Fuge c-Moll op. 29 sind die Verhältnisse verwickelter.

In T. 17 wechselt die rechte Hand anscheinend unmotiviert vom ersten auf das zweite Manual. Anschließend setzt die linke Hand auf dem dritten Manual ein. Wahrscheinlich ging Reger davon aus, daß die Fortführung der rechten Hand auf dem ersten Manual das dritte Manual der linken Hand übertönen würde. Die geringe Kraft des dritten Manuals hat offenbar die Gestalt des Werks beeinflußt. Andererseits taucht an dieser Stelle die Lautstärkebezeichnung fff für das dritte Manual auf, verbunden mit der (hier erstmals auftretenden) Anweisung *„Alle Register"* (des III. Manuals). Hierin äußert sich offenbar der Wunsch nach einem stärkeren III. Manual. Andererseits ist von der Struktur der Stelle her gesehen (ein diatonisch sequenzierendes Trio, in dem Bach nachklingt) die durch ein schwaches drittes Manual gegebene Dynamik wohl zu begründen: Dem dünneren Satz entspricht der dünnere Klang; der „statische" Charakter der Stelle (Diatonik, strenge Stimmigkeit, durchlaufende Rhythmik in allen Stimmen, keine dynamische Veränderung) steht im Gegensatz zu dem der umliegenden Takte. Auch die dynamische Vorschrift più f im Pedal (also weniger als ff) spricht für ein relativ schwaches drittes Manual. Der Wunsch nach einem starken dritten Manual wird eindeutig auf S. 12 in der Fuge, wo das III. Manual (r. H.) das II. Manual (l. H.) kontrapunktiert, wobei *„alle Register im II. Man."* (S. 11) vorgeschrieben sind und Reger sich *„III. M. ma ff"* wünscht. Das dritte Manual soll sich offenbar gegen das volle zweite Manual durchsetzen.

In der Choralphantasie über *„Freu dich sehr, o meine Seele"* op. 30 taucht erstmals die Vorschrift *„8' 16' 4'"* für das III. Manual auf. In den danach entstandenen Orgelwerken wird die Dominanz des dritten Manuals noch stärker. In der Choralphantasie über *„Alle Menschen müssen sterben"* op. 52/1 wird z. B. in Takt 59 ff. ein crescendo von più fff (bei Reger der lauteste Grad vor *„Org. Pl."*) bis *„Org. Pl."* realisiert durch Ankoppelung des dritten (T. 60) und des zweiten (T. 61) Manuals. Diese müssen also noch in dieser Lautstärke Einfluß auf den Klang haben. In T. 9 desselben Stückes müssen sich einstimmige Figurationen der Manuale II und III (aneinander gekoppelt) gegen einen fünfstimmigen fff-Satz des I. Manuals und des Pedals durchsetzen. Die Überleitung von der sechsten zur siebten Strophe (T. 79–84), die in ihrem extremen Ausdruck an die Zwischenspiele zwischen der ersten und der dritten bzw. zwischen der dritten und der sechsten (Text-)Strophe erinnert, soll nur auf den Manualen II und III vorgetragen werden. In T. 84 taucht sogar die seltene Bezeichnung ffff auf[1]. In der Choralphantasie über *„Halleluja! Gott zu loben“* op. 52/3 wird in Steigerungen sogar mehrfach die Koppel II/I vor der Koppel III/I verlangt (etwa T. 25/26). Das impliziert, daß das III. Manual stärker oder aber anders klingt als das II. Manual. In den meisten Werken dieser Zeit werden dem dritten Manual sehr viele Lautstärkegrade abverlangt: Die Skala reicht von pppp bis fff und berücksichtigt selbst feine Abstufungen wie f – più f – ff. Aus dem bisher Gesagten wird klar, daß die relativ schwach besetzten Manuale II und III, die bis in die Zeit um 1900 in Deutschland verbreitet waren, für Regers Musik ungeeignet sind. Die Betrachtung der Werke ermöglicht eine Antwort auf die Frage, ob Reger bei fff des III. Manuals an die Echowerke dachte, die er kannte, oder ob er *„seine Vortragsbezeichnungen* [. . .] *am Flügel entworfen“* (Högner 1973, 14) hat, ohne besondere Rücksicht auf „Orgelgegebenheiten“.

Die Manuale der deutschen Orgeln um 1900 sind meist vor allem dynamisch unterschieden. In anderen Traditionen sind die Manuale eher farblich charakterisiert. Nachdem im letzten Abschnitt einiges über das von Regers Werken implizierte dynamische Verhältnis der Manuale zueinander ans Tageslicht gekommen ist, soll jetzt versucht werden, etwas über ihr farbliches Verhältnis zu eruieren. Die Lautstärke läßt sich nur quantitativ, die Klangfarbe auch qualitativ differenzieren. Mit Hilfe verschiedener Lautstärken können Haupt- von Nebenstimmen unterschieden werden, Farben können zur Charakterisierung von Stellen oder Einzelstimmen beitragen (da der Charakter ebenfalls ein qualitativer Begriff ist). Regers Manualangaben sind oft strukturell bedingt. Eines seiner Prinzipien wird am Beispiel der Bearbeitung von Bachs Präludium b-Moll BWV 867 (Wohltemperiertes Klavier I) für Orgel deutlich (Universal Edition No. 15194). Reger schreibt folgende Manualverteilung vor:
T. 1–T. 9, 7. Achtel II. Man., zwischen p und f
T. 9, 8. Achtel – T. 13, 3. Achtel I. Man., f < ff > mf
T. 13, 4. Achtel – T. 15, 5. Achtel III. Man., p
T. 15, 6. Achtel – T. 17, 3. Achtel II. Man., mp <
T. 17, 4. Achtel T. 22, 3. Viertel I. Man., < Org. pl.
T. 22, 8. Achtelschluß III. Man. p > pp < > ppp
Reger verlangt zweimal das dritte Manual. Takt 13, 4. Achtel bis Takt 15, 5. Achtel ist ein lyrischer Gegensatz zum dramatischen Geschehen vorher und nachher. Während zuvor melodische Sequenzen durch nicht sequenzierende Harmonik dramatisiert werden (vgl. Takt 7/8), herrscht hier Einfachheit durch Einheit der melodischen und harmonischen Sequenz sowie durch Verzicht auf Variation. Takt 23 mit Auftakt und Takt 24 ist Kadenz und Coda, zugleich Antwort auf die Frage der Takte 20 bis 22. Es kann keinen Zweifel geben, daß Reger

1 Ab T. 84, 2. Hälfte setzt sich das I. Manual zwar durch gegen die anderen, diese sind allerdings angekoppelt.

sich die Manuale als Farben denkt. Die Stelle Takt 13 bis 15 hätte er ohne weiteres im piano auf dem II. Manual spielen lassen können (wie den Anfang). Er tut es nicht, um sie durch andere Farbe und fehlende dynamische Differenzierung (innerhalb dieser Stelle) als nicht-expressiven Gegensatz zu charakterisieren und damit die Bedeutung der Stelle als Eröffnung des zweiten Teils klarzumachen. Anders als im ersten Teil, der im Charakter einheitlich ist, wo der Wechsel vom II. aufs I. Manual (in Takt 9) zum Zweck der Intensivierung stattfindet – parallel zur Dramatisierung der Harmonik (Neapolitaner) und zum insistierenden Rhythmus ♪ ♩ ♫ – bedeutet der Manualwechsel von Takt 13 einen grundsätzlichen, einen Charakterunterschied. Sehr subtil ist in diesem Zusammenhang die Verwendung des III. Manuals am Ende: Durch das Vorhandensein dynamischer Differenzierungen wird Bezug zum Anfang des Stücks geschaffen, durch die Grundfarbe (III. Manual) wird der Bezug der Quintfallsequenz (Takt 13–15) zur Kadenz klar (die ja ebenfalls auf dem Quintfall beruht); die Antwort (T. 23 f.) auf die im crescendo gestellte Frage (T. 20 ff.) im diminuendo zu geben, entspricht der Sprachmelodie von Frage und Antwort.
Ähnlich verwendet Reger die Manualverteilung in seinen eigenen Werken. In der Choralphantasie über *„Alle Menschen müssen sterben"* werden zugunsten von formalen Akzenten Manuale ausgespart. So wird nur die erste Zeile der ersten Choralstrophe auf dem ersten Manual vorgetragen. Erst im auf die 1. Choralstrophe folgenden Zwischenspiel wird das erste Manual wieder eingesetzt, nämlich um das Motiv der fallenden großen Septime (in derselben Tonhöhe wie in T. 1: f^2–ges^1) betont einzuführen. Als tonalitätszerstörendes Element steht es für Dynamik, durch seine rhythmische Festigkeit (an die Viertelnoten des Chorals erinnernd) und durch die Übernahme der absoluten Tonhöhe vom Anfang für Statik. Würde dieses Motiv lediglich durch größere Lautstärke hervorgehoben, dann wäre die genannte Dialektik nicht umgesetzt. Durch den Manualwechsel wird farblicher Gegensatz zum unmittelbar Vorhergehenden gefordert und Bezug auf die Farbe der ersten Choralzeile (T. 13 ff.) wie auf die Anfangsfarbe. Ähnlich ist die Aussparung des I. Manuals in den Takten 39 bis 59 (3. Viertel) zu verstehen. Der Einsatz des I. Manuals auf dem 4. Viertel von T. 59 stellt wieder einen Bezug zu vorhergehenden Stellen her. Er findet auf demselben Taktteil, mit demselben Motiv in derselben Tonhöhe statt wie in T. 31 (4. Viertel). Auch hier zeigt sich die Farborientiertheit von Regers Manualangaben. In der Choralphantasie über *„Straf mich nicht in deinem Zorn"* op. 40/2 sind die Strophen durch Manuale charakterisiert. Die zerklüftete Introduktion erfordert besonders viele Farben, daher dort die Verwendung aller drei Manuale in schnellem Wechsel. In der 6. Strophe wird die Dialogstruktur durch die Manualwechsel verdeutlicht. In der Choralphantasie *„Wachet auf, ruft uns die Stimme"* wird auf dieselbe Weise der Beginn der zweiten Choralstrophe hervorgehoben, in der Choralphantasie *„Halleluja! Gott zu loben"* die Motivdurchführung der Fuge.[2] Die siebte Variation der Variationen und Fuge fis-Moll op. 73 verlangt im ff drei verschieden gefärbte Manuale. Es ist evident, daß die vielen Manualwechsel wahrnehmbar, die Manuale also unterschieden sein müssen. Gegen eine dynamische Differenzierung spricht (neben Regers Anweisung sempre ff) einerseits die Konsistenz der Pedalstimme (die bei verschieden starken Manualen

2 Das Prinzip der farblichen Differenzierung zur Verdeutlichung der formalen Gliederung ist sehr deutlich in der Fuge op. 127 (Originalfassung). Dagegen hat sich Straube in seiner Bearbeitung (Bote und Bock) mehr von koloristischen, momentbezogenen Gesichtspunkten leiten lassen.

verschieden deutlich würde), andererseits das ähnliche Gewicht der Partikel, das bei dynamischer Abstufung quantifizierend (mehr-weniger) umgebogen würde.

Reger verlangt die Walze (oder eine andere Möglichkeit zu schnellem Registercrescendo). Takt 20 *(„III. Man. ppp molto cresc. ff“* innerhalb von 7 Achteln) und Parallelstellen in der Choralphantasie op. 52/2 sind Beweis genug. An dieser und an ähnlichen Stellen zeigt sich darüber hinaus, daß die Koppeln (die Reger ja oft genau vorschreibt) unabhängig von der Walze schaltbar sein müssen und daß die Walze Dynamik in verschiedenen Farben ermöglichen muß (an der zitierten Stelle in „dunkler“ Farbe).

Reger verlangt eine gut besetzte Orgel. In der Fuge op. 57/2 dauert es z. B. 5 Takte, um das II. Manual ungekoppelt von f auf ff zu registrieren (T. 13–18).[3] Auch die Vorschrift *„pppp (8' 4')“* auf III. Man. und II. Man.[4] ist wohl nur auf großen Orgeln realisierbar. Es gibt also Gründe anzunehmen, daß Reger schon zur Weidener Zeit dachte wie später, als er Straube über die Orgel des Meininger Schützenhauses (III/45) schrieb: *„Die Orgel* [. . .] *ist nach unseren Begriffen klein* [. . .] *Für mein BACH reicht die Orgel kaum aus.“* (s. o. S. 24f.).

Dicht schließende Schweller sind unumgänglich für die Realisierung Regerscher Partituren. Seine dynamischen Angaben in langsamen Sätzen sind sehr detailliert. Es muß möglich sein, dynamische Verläufe wie mp < quasi f > p und p < f > pp[5] voneinander zu unterscheiden. Schwellwerke, wie viele Orgeln der 1890er Jahre und danach in Deutschland sie aufweisen, bei denen die Schwellwirkung gering ist, sind nicht fähig, die von Reger geforderten Differenzierungen auszuführen. An einigen Stellen werden sogar zwei Schweller verlangt, so im 2. Satz der 2. Sonate op. 60, wo anfänglich das dritte, später das zweite Manual dynamisch sehr reich bezeichnet ist.[6] Dabei wird ausgeschlossen, daß das zweite Manual von der Ankoppelung des dritten seine Schwellbarkeit bezieht, da es nur 8', das dritte Manual aber sempre 8' und 4' registriert sein soll.

Besondere Schwierigkeiten tauchen auf, wenn man mehrschichtige Spannungsverläufe spielen soll. Wenn z. B. im crescendierenden Abschnitt einer Phrase Vorhaltsauflösungen auftauchen, die einerseits gegenüber dem Vorhalt zurückgenommen werden müssen, andererseits vom Gesamtverlauf der Phrase her anwachsen sollen, ist es sinnvoll, neben der Schwellerdynamik noch eine andere zur Verfügung zu haben. Die mechanische Traktur (sofern sie sensibel ist) ist das gegebene Mittel dafür. Ein Beispiel für solche Schwierigkeiten, die in fast allen langsamen Sätzen Regers auftauchen, ist eine Stelle aus dem *Moment musical* op. 69/4.

---

3 Es ist allerdings eine offene Frage, inwieweit es sinnvoll ist, bei solchen dynamischen Veränderungen den Schweller zu Hilfe zu nehmen.
Reger mutet anderen Instrumenten ähnliche Schwierigkeiten zu: Im 1. Satz der Violinsonate op. 72 muß die Geige in 8 Takten von f auf ff crescendieren (T. 87–95). Das gesteigerte Ausdrucksbedürfnis hat gesteigerte technische Ansprüche zur Folge.

4 Choralphantasie op. 52/1, Takt 71.

5 2. Sonate op. 60, 2. Satz, Takt 11–13 bzw. 13–16.

6 Vgl. auch das Intermezzo op. 80/10, wo nicht nur die rechte (M. III), sondern auch die linke Hand (M. II) öfters Übergangsdynamik ausführen muß.

Das d^2 der rechten Hand im fünften Takt muß gut (quasi portamento) verbunden werden mit dem ihm voraufgehenden e^2. Durch weichen Anschlag wird dies möglich.[7] Dagegen verträgt der nächste Ton der rechten Hand (cis^2) einen deutlicheren Ansatz (selbstverständlich innerhalb des legato). In T. 8 kann die ansetzende Aktivität ausgedrückt werden, wogegen das d^2 in T. 9 wieder Auflösung und zugleich Ansatz der Bewegungsumkehrung ist (und also weicher klingen muß).

An der Durchführung der ersten Strophe in der Choralphantasie über *„Alle Menschen müssen sterben“* lassen sich einige der bisher allgemein vorgetragenen Postulate konkret darlegen. Deswegen wird sie im folgenden eingehender betrachtet.

---

7 Da mechanische Trakturen zuweilen widerspenstig sind, sei hier eine Verfahrensweise für solche und ähnliche Stellen empfohlen. Bei Vorhalten oder anderen nebeneinanderliegenden Tönen hebt sich kurz vor dem weich zu spielenden Ton das Handgelenk, so daß die ganze Hand (mit gestreckten Fingern) senkrecht zu den Tasten steht. Dann bewirkt eine langsame seitliche Drehung des Handgelenks den Anschlag; der anschlagende Finger verhält sich passiv.

13
Adagio.
II. Man.
I. Man.
III. Man.
Allegro agitato.
II. Man.
(8', 4', 2')
I. Man.
(8', 16', 4')
Al - le Men - schen müs - sen
15
Un poco meno mosso.
III. Man.
II. Man.
rit.
ster - ben,
al - les Fleisch ver - geht wie
17
Andante sostenuto.
sempre III. Man.
was da le - bet, muss ver -
III. M.
Heu;
19
III. Man.
der - ben,
II. Man.
soll es an - ders wer - den

Agitato. (Più mosso.)
sempre III. Man.
ppp
f
sempre II. Man.
poco rit.
neu; die - ser Leib der muss ver -
Moderato.
pp
we - sen, wenn er an - ders soll ge -
Un poco più andante.
sempre III. Man.
mp sempre II. Man.
ne - sen der so gro - ssen Herr - lich -
sempre poco a poco cre -
keit, die den From - men ist be -
scen - do e strin -

29
Più mosso.
gen - do f
sempre III. Man.
sempre cre - scen - do e
sempre II. Man.
reit.
gen - do f (+ C. III.)
(+ C. II.)
31
I. Man.
strin - ff - gen - più ff - do
sempre II. Man.
(+ C. I.)
33
Più mosso.
sempre I. Man.
fff
sempre II. Man.
34
sempre I. Man.
Org. Pl.
I. Man.

Offensichtlich wird die Gliederung des Chorals nachvollzogen, die Großgliederung Stollen-Stollen-Abgesang ebenso wie die feinere, die den Choral in Zeilen aufteilt. Es scheint so, als seien die ersten vier Choralzeilen (2 Stollen) u. a. durch die zwischen ihnen befindlichen Schnitte charakterisiert. Dagegen läuft die zweite Hälfte des Chorals anscheinend kontinuierlich auf das anschließende Zwischenspiel zu. Daß diese Formbeschreibung nicht umfassend ist, wird schon daraus klar, daß weder in der ersten Hälfte (bis T. 21, 2. Viertel) von einer Kontinuität der Schnitte die Rede sein kann (vgl. Übergang von der ersten zur zweiten Zeile mit dem Übergang von der dritten zur vierten), noch die ganze zweite Hälfte (ab T. 21, 3. Viertel) auf das nachfolgende Zwischenspiel zuläuft (die dorthin zielende Entwicklung setzt erst in T. 23, 3. Viertel an). Die Tempobezeichnungen legen eine andere Formbeschreibung nahe: Den ersten 4 Choralzeilen im ritardando entsprechen die letzten 3 mit nachfolgendem Zwischenspiel (stringendo); die 5. Choralzeile (agitato) ist Symmetrieachse. Das Verhältnis dieser beiden Verhältnisse (nämlich des Verhältnisses zwischen Schnitt und Kontinuität zum Verhältnis zwischen den Tempi) ist das des Bruches. Der wichtigste Einschnitt für das erste Verhältnis befindet sich zwischen der vierten und der fünften Choralzeile, die Achse des zweiten Verhältnisses sind die Takte 21 (2. Hälfte) bis 23 (1. Hälfte). Diese Abweichung läßt sich auch innerhalb des Verhältnisses von Schnitt zu Kontinuität nachweisen. Der Einschnitt zwischen Takt 21, 2. und 3. Viertel läßt sich als schärfster Schnitt der ersten Hälfte (vermittelt durch den Schnitt zwischen T. 15, 2. und 3. Viertel), mithin als Teil der ersten Hälfte interpretieren. Er kann aber auch (wie oben geschehen) als Einschnitt zwischen den Schnitten der ersten Hälfte und den Übergängen der zweiten interpretiert werden.[8] Die Takte 21 (3. Viertel) bis 23 (2. Viertel) wären insofern als Achse zu interpretieren, als dort eine Entwicklung von anfänglich diskontinuierlicher Motivik (kleine Nonen, Pausen, schnelle Synkopen) zu größeren, weicheren Zusammenhängen (absteigende Tetrachorde, keine Pausen, durchlaufende Sechzehntel) stattfindet. Daß diese Entwicklung kontinuierlich verläuft, zeigt, daß sie auch als zur zweiten (kontinuierlichen) Hälfte gehörig betrachtet werden kann. Man kann also weder sagen, ob der „Einschnitt“ zwischen dem ersten und dem zweiten Teil ein Schnitt ist oder ein Übergang, noch kann man feststellen, wo er liegt. Die Dynamik unterstützt (grob gesehen) die von den Tempobezeichnungen implizierten Gewichtungen. Sie zeigt in einiger Klarheit, daß die (quasi symmetrische) Entsprechung zum Anfang des Chorals erst im Zwischenspiel erreicht ist.[9] Diese Beobachtung wird gestützt und konkretisiert durch die Manualangaben wie durch die Motivik. Das I. Manual ist für die erste Zeile des Chorals vorgeschrieben wie für den markanten Neueinsatz des Hauptmotivs in T. 32 (mit Auftakt) (siehe oben).[10] Dadurch wird eine Art Rahmen beschrieben, dessen zweiter Teil sich zu seinem ersten dialektisch verhält, insofern er

8 Zumal es der einzige Schnitt ist, der die dynamische Entwicklung nicht weiterführt (die anderen Schnitte: fff > Schnitt p > pp Schnitt ppp; hier: ppp < > ppp Schnitt f).

9 Die Dynamik läßt sich aber auch, sofern man das Zwischenspiel nach der Choraldurchführung außer acht läßt, im Sinne der choralbezogenen Gliederung in 4+4 Zeilen deuten: nur extreme Dynamik in den ersten 4 Zeilen (mit Ausnahme der zweiten), nur mittlere mit Übergängen in den letzten 4 Zeilen.

10 Der betonte „Neueinsatz“ ist vorbereitet durch den Sprung f-Ges (in Achteln) im Pedal T. 29 und durch die Folge F-Dur/Ges-Dur T. 30 (4. Viertel)/T. 31 (1. Viertel). Dort entsprechen auch die metrischen Verhältnisse denen des „Neueinsatzes“ ein Takt später.

Motivik, Lautstärke und Manual aufnimmt, im Charakter aber ihm entgegengesetzt ist: anfangs (T. 13 [2. Hälfte] ff.) keine dynamische Veränderung Pedalorgelpunkt, starke Tonika, scharfe Synkopen 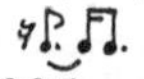 , keine dynamische Veränderung; in T. 32 (mit Auftakt) Crescendo unruhige Baßführung, unruhige Harmonik, durchlaufende Sechzehntel (worin sich freilich ein Ansatz von Vermittlung zeigt, da in T. 13 ff. auch die Sechzehntel-Bewegung durchgeht. Andererseits ist in T. 31 (2. Viertel) das zweite Sechzehntel betont wie in T. 13 ff.). Diese Spannung wird quasi in einer Synthese aufgehoben in Takt 33 (ab 2. Viertel) (nach einem Schnitt[11] zwischen dem ersten und dem zweiten Viertel, der – den größten im Quintenzirkel möglichen Abstand überbrückend – sich einerseits negativ auf die Konstanz des Des-Orgelpunkts T. 13 f. bezieht, andererseits durch den Des-Dur-Akkord eine positive Verbindung zu jener Stelle hat[12]), wo der Akkordtyp (Sekundakkord) festgehalten wird (wie in T. 13 f. der Ton Des festgehalten wird), die aufsteigende Chromatik aber Verbindung zu den unmittelbar voraufgehenden Takten schafft (vgl. T. 30 mit Auftakt). Andererseits ist die Stelle aber getrennt von denen, auf die sie sich bezieht: Weder bleibt die Tonart bestehen, noch kann man diese Stelle als Modulation im engeren Sinne betrachten.

Für den Interpreten ergibt sich zunächst die Notwendigkeit, Regers Vortragsbezeichnungen zu beachten. Der „Rahmen" muß hörbar gemacht werden, d. h. das I. Manual darf tatsächlich nur an den angegebenen Stellen verwendet werden und soll dort ähnlich charakteristisch gefärbt sein. Die „Synthese" (T. 33, 2. Viertel und weiter) muß anders klingen als These und Antithese. Der Schnitt zwischen T. 33, 1. Viertel und 2. Viertel muß hörbar werden, der G-Dur-Akkord auf dem 2. Viertel braucht seinen Akzent. Etwa könnte die Farbe ab dem Einsatz des I. Manuals (T. 32 mit Auftakt) von Zungen bestimmt sein und ab T. 33, 2. Viertel auf Mixturen umschlagen. Im Verhältnis zu den Takten zuvor müssen die Takte 21 (3. Viertel) bis 23 (2. Viertel) sehr agitato klingen; sie dürfen andererseits im Verhältnis zum Anfang der Choraldurchführung nicht zu laut sein. Sie dürfen nicht die Härte des Choralanfangs haben (wo man an kratzende Zungen denken mag), müssen gegensätzlich zu den voraufgehenden Takten gefärbt sein und doch einige Grundstimmen zur vermittelnden Weichheit übernehmen.[13] Noch wichtiger ist es, daß die kontinuierliche Charaktervermittlung hörbar wird. Gleichzeitig mit dem Diminuendo muß eine Farbänderung stattfinden. Es wäre denkbar, vom 3. Viertel von T. 22 bis zum 2. Viertel von T. 23 Zungen abzustoßen und einige Grundstimmen zu addieren zur größeren Weichheit (Streicher, Flöten). Dabei mag der Schweller zu Hilfe genommen werden, etwa in der Weise, daß in den Takten 22 (2. Hälfte) und 23 (1. Hälfte) vor allem Zungen abschwellen, die anschließend abgestoßen werden, so daß dann Labialstimmen (etwas verstärkt) anschwellen können. Die Schnitte müssen in eine Relation zueinander gebracht werden. Das in T. 23 (3. Viertel) ansetzende crescendo soll keine klangfarblichen Brüche enthalten. Eventuell kann auf dem 4. Achtel von T. 29 im Pedal die Farbe des I. Manuals von T. 31 vorbereitet werden (etwa leise Zunge dazu, wenn das I. Manual mit Zungen registriert ist), ähnlich kann auf dem 4. Viertel von T. 30 im II. Ma-

11 Dadurch, daß die (kontinuierliche) Entwicklung, die in T. 23 (2. Hälfte) ansetzend den Schnitten der ersten Hälfte (T. 13/2. Hälfte–T. 21/1. Hälfte) entgegengesetzt ist, auf Schnitte hinsteuert (außer dem hier erwähnten sind die Schnitte zwischen T. 34, 3. und 4. Viertel sowie zwischen T. 34, 4. Viertel und T. 35, 1. Viertel bedeutsam), wird ihre Bedeutung verändert: Sie ist nicht nur Gegensatz zu den Schnitten.

12 Das Des-Dur deutet zugleich – da hier in neapolitanischer Funktion – auf C-Dur, mit dem T. 35 beginnt.

13 Vgl. die doppelte Funktion der Stelle als zum ersten und zum zweiten Teil gehörig.

nual eine kleine Schattierung stattfinden. Dabei muß die Oberstimme des III. Manuals immer gut hörbar bleiben (vgl. ihre Expressivität in T. 30/31).
Die bisherigen Ausführungen dachten das Ganze vor dem Einzelnen. Das Stück wehrte sich gegen diese Betrachtungsweise, indem es ein eindeutiges Ergebnis verweigerte. So mußte zugleich mit dem Gedanken an Symmetrie der Gedanke an Nicht-Symmetrie (im Sinn des Verhältnisses zweier gleich großer, aber gegensätzlicher Teile) und der Gedanke an gegeneinander verschobene Symmetrien (eine andere Art der Negation von Symmetrie) gedacht werden; die Idee des Rahmens brachte notwendig die Idee des asymmetrischen Rahmens hervor (asymmetrisch auf mehreren Ebenen). Weder waren die formbildenden Dimensionen widerspruchsfrei aufeinander zu beziehen, noch brachte die isolierte Betrachtung einzelner Dimensionen ein widerspruchloses Ergebnis. Dabei wurden die primären Dimensionen noch nicht einmal eigentlich analytisch betrachtet.
Bei der Betrachtung der einzelnen Abschnitte gilt es, vom Charakter des Abschnitts und seiner Relation zu den umliegenden Abschnitten klangliche Vorstellungen abzuleiten. Die erste Choralzeile (T. 13, 2. Hälfte bis T. 15, 1. Hälfte) ist durch ihre Unvermitteltheit charakterisiert. Ein extremer Charakter (in sich sehr gespannt) wird exponiert (in den letzten 3 Vierteln aber etwas gemildert): starke Tonika, Orgelpunkt, starker Choral, Spaltklang (1. H./Ped.), große Sprünge, Akzente auf dem ersten und dem zweiten Sechzehntel jeder Viertelnote. Es entsteht eine Spannung zwischen den Spannungsmomenten und den Festigkeitsmomenten. Das Pedal muß so klingen, daß man sein des^{1} (in T. 14) als zur Pedalstimme gehörig wahrnimmt (das kann dadurch unterstützt werden, daß vom des^{1} zum Des gebunden wird). Hohe Pedalregister, die das Pedal in die Nähe der Tonhöhe der rechten Hand bringen, verwischen die Verhältnisse.[14] Regers Registriervorschrift *„8', 16', 4'“* für die linke Hand deutet einige Gravität an. Das Pedal muß noch gravitätischer klingen (wegen der Festigkeit und des Spaltklangs). Die Vorschrift *„8', 4', 2'“* für die rechte Hand bedeutet, daß die Gegenakzente klanglich sehr abgehoben sein sollen. Selbstverständlich darf das zweite nicht ans erste Manual gekoppelt sein. Für die rechte Hand ist sehr harter Anschlag (bei mechanischer Traktur) mit Armgewicht angebracht zur Akzentuierung. Zur guten Bindung vom ersten zum zweiten Sechzehntel der geradzahligenViertel ist es angebracht, im Verlauf der ungeradzahligen Viertel das Handgelenk zu senken. Auf diese Weise wird Legato-Artikulation für die Sprünge ermöglicht, was nötig ist, um sie nicht als tote Intervalle zu empfinden (Die großen Intervalle sind konstitutiv für den Charakter der Stelle). Der unterschiedliche Charakter des zweiten bis fünften Sechzehntels jeder Takthälfte gegenüber dem sechsten bis achten (in der rechten Hand)[15] muß sich klanglich äußern. Hier ist nicht an Registeränderung zu denken (die ja den Zusammenhang der Oberstimme stören würde), sondern an unterschiedlichen Anschlag oder unterschiedliche Artikulation. Der Charakter der ersten Choralzeile wird moduliert durch die abschließende Modulation. Die sich darin zeigende Vermittlung (tonale Bewegung, kein Spaltklang) stört die Geschlossenheit der Stelle, ohne die fol-

---

14 Auch wäre, sofern im I. Manual Trompete 8' registriert ist, die Pedaltrompete störend.

15 Im zweiten bis fünften Sechzehntel herrscht Chromatik, die letzten drei Sechzehntel sind streng diatonisch: T. 13, letzte drei Sechzehntel: h-Moll oder fis-Moll (enharmon. verwechselt); T. 14, 1. Hälfte, letzte drei Sechzehntel: h-Moll (harmonisch Moll); T. 14, letzte drei Sechzehntel: f-Moll (harmon. Moll mit ges allerdings, worin sich ein Ansatz von Vermittlung zur Chromatik zeigt); T. 15, 1. Hälfte, letzte drei Sechzehntel sind chromatisch (wiewohl bis aufs a° auf Es-Dur zu beziehen), damit ist die Vermittlung zur Chromatik erreicht.

gende Choralzeile recht vorzubereiten: Auf das die erste Choralzeile abschließende dominantische B-Dur (mit as) folgt As-Dur, was jeder tonalen Logik widerspricht. Damit ist geklärt, wie das von Reger vorgeschriebene Diminuendo in T. 15 (1. Hälfte) auszuführen ist. Es ist kein Diminuendo al piano, sondern das fff wird nur etwas zurückgenommen. Die farbliche Veränderung in dieser Takthälfte ist nicht stark, sie erfolgt in Richtung größerer Weichheit.

Die folgenden zwei Takte (T. 15, 3. Viertel–T. 17, 2. Viertel) übernehmen mehrere Motive und Bewegungsarten aus den vorigen. Jedoch ist die Spannung hier zurückgenommen. Der Choral im Pedal bestimmt den harmonischen Verlauf (der also homogener ist als in den Takten zuvor), linke Hand und Pedal verlaufen (grob gesehen) in Dezimenabstand, die Bewegungen der linken Hand (abwärts pro Takthälfte) und der rechten (aufwärts) überschneiden sich, wodurch ein weicherer Charakter entsteht. Diesem Charakter entsprechend muß hier registriert werden: mit warmem Klang, ohne harte Gegensätze zwischen den drei Ebenen. Ausgesprochen färbende Register (etwa Zunge im Pedal zur Kontinuität zur Zunge der ersten Choralzeile oder helle Register in der linken Hand) dürfen nicht hervorstechen, sondern müssen gut gedeckt sein. Die Stelle ist offensichtlich halbtaktig gedacht. Die linke Hand zeigt dies eindeutig. In der rechten Hand ist die erste Hälfte von T. 16 Variation (quasi Antwort) der zweiten Hälfte von T. 15. Die zweite Hälfte von T. 16 stellt einen Neuansatz dar (sie fängt an wie die 2. Hälfte T. 15), der – offenbar großflächiger gedacht – bis aufs f^2 von T. 17 (Anfang) hinzielt (aufsteigende Melodiekurve bis dort). Die erste Hälfte von T. 17 enthält das stärkste espressivo: der höchste Ton der Zeile (f^2), der tiefste Ton der Zeile (Des), nur Abwärtsbewegung (die Oberstimme fällt insgesamt eine Tredezime), Molleintrübung[16]. Offenbar gehören Takt 16, 2. Hälfte und Takt 17, 1. Hälfte auf andere Art zusammen als Takt 15, 2. Hälfte und Takt 16, 1. Hälfte. Auf den großen Anstieg folgt der große Abstieg. Dagegen ist T. 15 (2. Hälfte)/16 (1. Hälfte) ein Parallelismus.[17] Diesen Zusammenhang hat Reger durch die Vorschrift rit. auf dem dritten Viertel von T. 16 affirmiert.[18] Aufgabe des Interpreten ist es, einerseits die Halbtaktigkeit, andererseits den Charakterunterschied zwischen den beiden Hälften der Choralzeile hörbar zu machen. Zu letzterem ist Regers agogische Vorschrift ein Ansatz. Es ist zu überlegen, ob das Verhältnis von T. 16, 2. Hälfte zu T. 17, 1. Hälfte verständlicher wird, wenn man das zweite Sechzehntel von T. 17 etwas zu spät spielt und dann fließen läßt (nicht-intensivierendes stringendo für die nächsten Sechzehntel, danach rit.).

Der Gegensatz zwischen dieser und der folgenden Zeile (T. 17, 3. Viertel–T. 19, 2. Viertel) ist offenbar: neues Material und neue Schreibweise (Cantionalsatz mit figurierten Begleitstimmen). Ähnlich wie der Schluß der ersten Choralzeile im Ansatz zur zweiten vermittelt, so zeigt der Schluß der zweiten Choralzeile einen Ansatz von Vermittlung zur dritten. Gestört ist sie hier vor allem durch den des-Moll-Akkord der zweiten Choralzeile (T. 17), durch

---

16 Dies ist die erste Stelle, an der die fallende kleine None harmonisch als Molleintrübung fungiert. Zuvor wurde sie (in dieser Zeile) meist mediantisch interpretiert (z. B. As-Dur/Fes-Dur).

17 Dessen zweite Hälfte bereitet durch das recht betonte des^2 das f^2 von T. 17 vor. Deswegen handelt es sich nicht nur um einen Parallelismus.

18 Das rit. steht erst auf dem zweiten Sechzehntel; offenbar soll dieser Akkord nicht zu spät erklingen. Das hat seine Ursache darin, daß er in Parallele zum ersten Akkord des 3. Viertels von T. 15 bzw. des 1. Viertels von T. 16 steht. Dagegen muß der erste Akkord in T. 17 (r. H.) anders klingen, er ist Zielpunkt.

den das Des-Dur, mit dem die dritte Choralzeile ansetzt, einen ganz ungewohnten Klang bekommt. (Einfacher wäre der Zusammenhang, wenn die dritte Choralzeile mit einem As-Dur-Sextakkord begänne.) Diesen Übergang muß der Spieler gut aushören. Die Stelle selbst muß sehr weich und warm klingen. Enge Aeolinen sind hier ebenso unangebracht wie sehr dicke Flöten. Eher wäre an ein Salicional (oder Dolce) zu denken, eventuell mit Gedackt 8' oder Zartflöte 4' abgerundet. Es besteht die Gefahr, daß sich für den Hörer die Taktstriche um eine Viertelnote verschieben. Nicht zufällig schreibt Reger crescendo zur ersten Taktzeit von Takt 18 vor. Es kann unterstützt werden durch fließendes Tempo *(Andante sostenuto)*; auch empfiehlt es sich, das Crescendo langsam anzusetzen und dann schneller werden zu lassen. Da es Bestandteil der Phrasierung ist, darf dem Hörer nur der von ihm produzierte Effekt, nicht das Crescendo selbst ins Bewußtsein kommen. Die Synkopen und die kleinen Imitationen dieses Abschnitts, die Verbindung zu den vorherigen Abschnitten schaffen, müssen sorgfältig ausgespielt werden. Der erste Ton, der die stark ausgeprägte Tonalität dieses Abschnitts stört, ist das a^0 in T. 19.[19] Es ist zunächst als Terz der Zwischendominante zur Tonikaparallele zu verstehen. Auf dem fünften Sechzehntel von T. 19 taucht aber ein reiner d-Moll-Akkord auf.[20] Dadurch wird die angestrebte Tonikaparallele aufgeschoben. Das sechste Sechzehntel des Taktes läßt sich als Variante der Tonikaparallele deuten. Auf dem siebten Sechzehntel ist im Baß die Terz der Tonikaparallele erreicht, der Alt hat einen Nonen- (funktionstheoretisch) bzw. Septimvorhalt (generalbaßmäßig). Dadurch, daß der Alt schließlich das des^1 erreicht, entsteht ein Akkord, der wohl eher als Des-Dur denn als b-Moll-Sextakkord gehört wird. Durch das fehlende b bzw. as ist die Situation unklar. Der Schluß dieser Choralzeile widerruft die Harmonie, die ihr Anfang verhieß.[21] Um dem Hörer die Möglichkeit zu geben, diese außerordentlich vieldeutige Stelle annähernd wahrzunehmen, muß sich der Spieler auf dem zweiten Viertel von T. 19 genug Zeit lassen. Das Diminuendo gegen Ende der Zeile ist länger als das Crescendo zu ihrem Beginn. Offensichtlich soll der Schluß der Zeile entschweben (in Analogie zu ihrer „entschwebenden" tonalen Geschlossenheit). Es erscheint daher sinnvoll, zu Beginn der Zeile (T. 17, 3. Viertel) den Schweller nicht ganz geschlossen zu haben. Dann kann der Anfang von T. 19 noch leiser klingen.

Das die harmonische Situation klärende as erscheint zu Beginn der 4. Choralzeile (T. 19, 3. Viertel). Es gibt also eine entscheidende Verbindung zwischen beiden Choralzeilen. Der Moment, in dem das As des Pedals (T. 19, 3. Viertel) erklingt, wird bestimmt durch das rit. in den Sechzehnteln zuvor (denn es gehört dazu und soll deshalb nicht durch eine zusätzliche Verzögerung betont werden. Daß das As auch Neuansatz ist, wird schon durch die neue Far-

---

19 Zuvor tauchen mit zwei Ausnahmen nur Töne der Des-Dur-Tonleiter auf. Die beiden Ausnahmen (G und d^0 in T. 18) stören die tonale Festigkeit kaum (G ist Bestandteil der Doppeldominante, ist unbetonter Durchgang; d^0 ist harmoniefremde Nebennote auf unbetonter Taktzeit). Sie bereiten (quintweise aufsteigend) das a^0 vor. Reger verwendet diese aus der Tonart führenden Töne (statt etwa ces, fes, heses), um einen Gegensatz zu den stark in die b- und bb-Region tendierenden umliegenden Stellen zu schaffen. Auch das spricht für ein weiches Ausspielen dieses Teils.

20 Er läßt sich zwar als Vorhalt zum B-Dur-Sextakkord deuten; da aber kein b gleichzeitig erklingt und die Entwicklung insgesamt nicht auf b hinzielt, bleibt die andere These vertretbar.

21 Auf der motivischen Ebene geschieht ähnliches: Der Tetrachord f, es, des, c des Anfangs wird durch seine deformierte Variante a, b, c, des widerrufen.

be deutlich). Die folgenden Sechzehntel mit ihrem sukzessiven Stimmeneinsatz (10. Sechzehntel: Oberstimme der l. H., 11. Sechzehntel: r. H., 12. Sechzehntel: Unterstimme 1. H.) sind wie dazu geschaffen, das alte Tempo wiederzugewinnen (jede Stimme bringt neue Energie). Im Verhältnis zur zweiten Choralzeile sind die Zusammenhänge in der vierten größer. Die linke Hand hat weniger Pausen als die rechte in der zweiten Zeile, durch die Oktavlage der rechten Hand entstehen ganztaktige Einheiten (zugleich weist die Expansion des Tonumfangs der rechten Hand auf den Ausbruch der fünften Choralzeile). Anders als in der zweiten Choralzeile drängen hier alle (halbtaktigen) Einheiten nach vorn (in verschiedenen Graden). Die stärkste Spannung entsteht am Ende der Zeile, in der ersten Hälfte von Takt 21, wo die rechte Hand ihren höchsten, linke Hand und Pedal ihre tiefsten Töne erreichen, ein Spaltklang entsteht, eine (schon in der zweiten Choralzeile beobachtete) Molleintrübung stattfindet (die hier aber – anders als in der zweiten Zeile – als Vorbereitung auf die nächste Choralzeile interpretiert werden kann: f – fes – es; die Linie bereitet den ersten Ton der nächsten Choralzeile, es^0, vor) und Diminuendo vorgeschrieben ist. Diese Diminuendo widerspricht der Funktion der Stelle, auf die nächste Choralzeile vorzubereiten (sowie der „natürlichen" Gestaltung der Melodie der linken Hand). Es ist zu fordern, daß dieses Diminuendo (nicht bloß zur Phrasierung gehörig) sehr deutlich ist. Der (durch Dynamik ppp und Tempobezeichnung gehemmte) Drang nach vorn kann sich in Klangfarbe (sehr scharf, etwa sehr enge Streicher, eventuell in Chören oder leise, aber scharfe Zungen) und Innendynamik äußern (evtl. mehr als vorgeschrieben. Das g der rechten Hand in T. 20 wirkt nach dem es-Moll zuvor fast schreiend, es kann dynamisch hervorgehoben werden. Es ist möglich, die kleine None der rechten Hand in der ersten Hälfte von T. 20 crescendieren zu lassen).

Zur Interpretation der 5. Choralzeile wurde bereits oben einiges angemerkt. Die großflächige, kontinuierliche Entwicklung der letzten drei Choralzeilen muß nachvollzogen werden. Der Anfang der 6. Choralzeile darf nicht agogisch betont werden; dort ist ein entspannter Punkt, der, wenn er betont würde, nicht als Ausgangspunkt der folgenden Entwicklung wirken würde. Dagegen ist zu Beginn 7. Choralzeile ein Impuls angebracht, denn der Pedaleinsatz (in Sechzehntel), der melodische Höhepunkt (f^2), die neue Tempobezeichnung und die neue Harmonie nach zwei Vierteln B-Dur zeigen ein höheres Energieniveau an. Wirkt dieser Einschnitt verhältnismäßig schwach, so sind die folgenden noch mehr überspielt: Der Anfang der letzten Choralzeile ist unauffällig in die harmonische Entwicklung integriert. Die Oberstimme beginnt eine neue Phrase ein Viertel vor Beginn der Choralzeile, das Pedal atmet noch ein Sechzehntel früher; die aus punktierter Achtel- und Sechzehntelnote bestehende Motivik setzt zwei Viertel vor der neuen Choralzeile an. Der Übergang in das Zwischenspiel nach der ersten Choraldurchführung ist ebenfalls sehr „organisch". Das neue Tempo (più mosso) wird durch ein stringendo erreicht, nicht plötzlich (wie zu Anfang der 7. Choralzeile); die Chromatik ist vorbereitet; die harmonische Bewegung achtelweise (statt viertelweise wie zuvor) setzt schon auf dem Schlußton des c.f. an. Der Spieler kann zugunsten des anderen Klanges der letzten drei Choralzeilen dort anders atmen (tiefer, großflächiger, zielbewußter) als zuvor.

Eine solcherart am Werk orientierte Arbeitsweise ist für die Interpretation eine notwendige Ergänzung zur Erforschung zeitgenössischer Klang- und Interpretationskonventionen.

HERMANN J. BUSCH

Einige Probleme des Regerspiels

I. Dynamik und Registrierung

Die reichen Bezeichnungen Regers zur Übergangsdynamik stellen den Organisten immer wieder vor Probleme.

Generell gilt, daß < und > sich auf den Gebrauch des Jalousieschwellers beziehen, cresc. und decresc. auf Registrierungsänderungen. Reger rechnet stets mit dem III. Manual als Schwellwerk. Wenn immer wieder auch < und > beim Spiel auf I oder II vorgeschrieben ist, so könnte dies nach der damaligen Praxis realisiert werden, alle Manualkoppeln (also II-I, III-I, III-II) zu ziehen und dabei im Schwellwerk verhältnismäßig stark zu registrieren. Diese Technik findet sich u. a. in Straubes Ausgaben von Regers Präludien und Fugen sowie Stücken aus op. 59 und des II. Bandes der Peters-Ausgabe der Orgelwerke Bachs. Allerdings verwendet Reger < und > gelegentlich auch an Stellen, an denen eindeutig ein Registercrescendo beabsichtigt ist, so z. B. in op. 73, T. 205: *„III p < Alle Register im III. Man. fff.“* Den wechselnden Gebrauch der verbalen Vorschriften und Gabeln erläutert Reger ausdrücklich in op. 52/2: T. 7 steht < für ein Registercrescendo: *„I. Man. fff < Org. Pl.“*, zu T. 11 lautet die Fußnote: *„Die < > beziehen sich hier auf den Jalousieschweller des III. Man.“* Op. 67/5 bietet in T. 5–9 ein Beispiel für die Verwendung von „crescendo“ und „diminuendo“ als Vorschriften für den Schwellwerksgebrauch, um ganz offensichtlich allzu lange Gabeln zu vermeiden.

Wenn auch zu Zeiten Straubes die Benutzung des Jalousieschwellers und der Walze viel selbstverständlicher zur Pedaltechnik gehörte als heutzutage, so bereitet doch die Verwendung des Schwellers genau im vorgeschriebenen Sinne oft kaum überwindliche Schwierigkeiten, nicht zuletzt auch, wenn die Wirkung des Jalousieschwellers nicht so weitreichend ist, daß eine zeitlich ausgedehntere Schwellwirkung überhaupt realisierbar ist. Hier ist auf die Takte 53–62 aus op. 30 und die dazugehörende Fußnote Regers zu verweisen:

„Die < > beziehen sich auf den Gebrauch des Jalousieschwellers; doch kann man auch bei < das Tempo etwas beschleunigen (stringendo) und bei > etwas beruhigen (ritardando) (Tempo rubato).“

Reger hat diese Alternative zum Schwellwerksgebrauch wohl auch im Blick auf die zahlreichen deutschen Orgeln der 2. Hälfte des 19. Jahrhunderts erwähnt, die über kein Schwellwerk verfügten, doch bietet sie sich überall dort an, wo der Gebrauch des Schwellwerks aus irgendeinem Grunde nicht möglich ist.

Das Registercrescendo bzw. -decrescendo soll möglichst stufenlos erfolgen, ohne abrupte Änderungen der Lautstärke oder der Klangfarbe. Bei größeren Orgeln der Regerzeit sind Disposition und Intonation der Einzelregister auch an diesem Erfordernis orientiert und die Registerwalze entsprechend eingestellt. Bei den Orgeln Wilhelm Sauers wie auch einiger anderer deutscher Orgelbauer dieser Zeit entspricht die Anordnung der Registerzüge im Spieltisch der Lautstärke der Einzelregister und zugleich ihrer Reihenfolge im Registercrescendo (s. o. S. 21). Die Walze zieht in der Regel mit den leisesten Registern alle Normalkoppeln an, so daß das Crescendo wahlweise auf allen Manualen möglich ist. Die Lautstärke des Pedals ist dabei derjenigen des I. Manuals angepaßt. Reger hat gelegentlich seine Vorstellungen über die Abfolge des Registercrescendos angedeutet, so z. B. in der Fuge aus op. 46, T. 1–72:

III nur 8' pppp	f
un poco crescendo	II + 2', II/P
ppp	III 16', 8', 4', 2' sempre poco a poco crescendo
poco a poco crescendo	I 16', 8' più f
+ 4'	III alle Register, III/P
II 8' p	II 16'. 8, 4', 2', I 16', 8', 4' ff
sempre poco a poco crescendo	I/P
II + 4' mf	III/II più ff
poco a poco crescendo	II/I più ff – III/I più ff

Auffällig ist, daß Reger die Manualkoppeln erst sehr spät einsetzt, auch in anderen Werken ist zu beobachten, daß die Koppeln III/I und II/I kurz vor dem O. pl., also dem Generaltutti, gezogen werden, auch die Pedalkoppeln werden sehr häufig als dynamische Steigerungsmittel verwendet. Bei vielen Orgeln dieser Epoche sind allerdings die Nebenmanuale dynamisch so deutlich reduziert, daß ihr Koppeln zu einem ff registrierten I. Manual keine nennenswerte Steigerung erbringt. Auf modernen Orgeln ist das meist anders, doch empfiehlt sich hier das ständige Koppeln der Manuale beim Registercrescendo, weil ein stufenloser dynamischer Übergang auf den ungekoppelten Manualen kaum möglich ist. Problematisch sind hier in der Regel insbesondere die Übergänge zu den Registern oberhalb der 4'-Lage und zu den Mixturen. Dem kann evtl. abgeholfen werden, wenn nach allen Labialen 16', 8', 4' zunächst die leiseren Zungen gezogen werden, die starken Zungen evtl. vor den Mixturen. Sehr hoch liegende Mixturen wird man in der Regel erst als letzte Steigerung im Tutti hinzufügen oder auch ganz weglassen. Ein Registercescendo könnte etwa nach folgendem Schema verlaufen, das natürlich im Einzelfall mutatis mutandis zu verwenden ist. Dabei ist von einer Orgel mit etwa folgender Disposition ausgegangen:

HW (I) 16', Prinzipal 8', Flöte 8', Oktave 4', Flöte 4', Oktave 2', Sesquialter, Mixtur, Trompete 8'

SW (II) Flöte 8', Streicher 8', Prinzipal 4', Flöte 4', Flöte 2', Quinte 1⅓', Scharf, Zunge 16', Zunge 8'

P Prinzipal 16', Subbaß 16', Oktave 8', Gedackt 8', Oktave 4', Mixtur, Posaune 16', Trompete 8'

II 8', II/I	P Subb. 16', II/P	II + Prinzipal 4'	P + Prinzipal 8'
II + 8'		Schweller ein wenig offen	
I + 8'	P + Gedackt 8'	I + Oktave 4'	
II + Flöte 4'		I + 16'	
I + Prinzipal 8'	P + I/P		
I + Flöte 4'			

II + Zunge 8'	P + Oktave 4'	II + Zunge 16'	
II + 2'		I + Sesquialter	P + Trompete 8'
I + 2'	P + Prinzipal 16'	I + Trompete 8'	
II + 1⅓'		I + Mixtur	P + Posaune 16'
Schweller ganz offen		II + Scharf (?)	

Ggf. kann dieses Schema durch das sinngemäße Einfügen von Registern eines III. Manuals differenziert werden.

Die Manualbezeichnungen Regers beziehen sich in op. 7 und op. 16 auf eine zweimanualige Orgel, ab op. 27 in der Regel auf ein dreimanualiges Werk. In einigen Druckausgaben sind den römischen Ziffern die Abkürzungen für die englischen Bezeichnungen hinzugefügt: I Gt. (Great, Hauptwerk), II Ch. (Choir, schwach besetztes Nebenwerk) und III Sw. (stark besetztes Schwellwerk), dabei ist manchmal irrtümlich Ch. dem III., Sw. dem II. Manual zugeordnet. Diese Zusätze sind wohl von den Verlegern im Blick auf den Absatz in den angelsächsischen Ländern gewünscht worden, Reger hatte keine Beziehungen zu diesem Orgeltyp.

Die Introduktion und Passacaglia d-Moll ohne Opus-Zahl und einige Stücke aus op. 59 *(Intermezzo, Toccata* und *Fuge* d/D, *Gloria, Te Deum)* enthalten merkwürdigerweise nur Bezeichnungen für zwei Manuale, obwohl sie ohne weiteres auch dreimanualig angelegt werden könnten.

Reger rechnet in allen drei Manualen mit Registern in 16'-, 8'-, 4'- und 2'-Lage sowie weiteren Stimmen, die nicht näher bezeichnet werden, also wohl Mixturen und/oder Zungen. Dies entspricht etwa dem Typus der großen Sauer-Orgeln in Wesel und Leipzig. Wie das zitierte Beispiel aus op. 46 und zahlreiche andere Registrierungsangaben zeigen, setzt Reger eine dynamische Abstufung vom starken I. über das II. bis zum III. Manual, dem Schwellwerk, voraus. Dieses spielt also, wie auch die erhaltenen Instrumente zeigen, keine so gewichtige Rolle wie das französische Récit jener Zeit.

Nur selten gibt Reger neben dynamischen Bezeichnungen und Fußtonlagen weitere Hinweise zur Registrierung, am häufigsten noch in op. 27, 30 und 33. Da sich hier charakteristische Beispiele für wichtige Registrierungsmuster finden, seien sie im einzelnen erörtert.

Die Registrierungsangaben im Erstdruck von op. 27 sind durch die allgemein gebräuchliche Neuausgabe Karl Straubes verdrängt worden. Typisch für Reger ist gleich zu Beginn des einleitenden Pedalsolos, daß im fff die Koppel I/P ausdrücklich ausgeschlossen bleibt und erst bei den abschließenden Manualakkorden mit *„Org. pl."* eintritt, das Reger ja stets als *„mit sämtlichen Koppeln"* versteht. Hier ist Regers Neigung zu beobachten, auch im ff-Bereich zu differenzieren und das Generaltutti für wenige Höhepunkte aufzusparen. Die folgende triomäßige c.f.-Durchführung zeigt ebenfalls, daß ff und fff oft nur relativ zu verstehen sind.

Zunächst linke Hand ff I Posaune 16', Trompete 8', rechte Hand ff II *„alle 8', 4', 2'"*, Pedal ohne Bezeichnung, offenbar ungekoppelt, denn T. 16f. heißt es zum Pedal ff, II/P, III/P, zur linken Hand I Prinzipal 8', Oktave 4', Posaune 16', Trompete 8', zur rechten Hand nur II fff, später + III/II. Die nächste Steigerung der c.f.-Registrierung folgt T. 30 durch Zufügen von Oktave 2'.

In der zweiten Strophe liegt der c.f. im Tenor, gespielt mit dem aus I gekoppelten *„Waldhorn* 8'" des I. Manuals. Liegt hier vielleicht eine undeutliche Erinnerung an das *„Corno"* des II. Manuals der Wiesbadener Marktkirchenorgel zugrunde? Der Baß wird mit 16', 8' in der linken Hand gespielt, die Oberstimmen erklingen auf dem III. Manual mit *„Aeoline 8', Fugara 4' usw."*, also der Andeutung einer hell schimmernden, „lichten" Streicherregistrierung im Schwellwerk, wie sie Reger auch in anderen Werken immer wieder vorschwebt, noch einmal explizit in op. 127, T. 56: *„Aeoline 8', Voix céleste 8', Fugara 4'"*, dagegen kontrastierend in II *„Flöten"*. Zurück zu op. 27: In T. 73 wird die vorhin genannte Trioregistrierung verstärkt: Im Pedal weitere 8' und 4'-Register aus I, linke Hand II 16', 8', 4' f, rechte Hand III 8', 4' 2' f, in T. 88 treten dazu noch 16 ' in III und 16' im Pedal.
Die Zweiunddreißigstel-Passagen in der rechten Hand T. 168ff. werden mit allen Registern in II gespielt, die beiden c.f.-Stimmen links mit Prinzipal 8', Oktave 4', Posaune 16', Trompete 8'. Bemerkenswert ist noch die leise Stelle T. 184ff., zunächst auf II più pp, aber mit III/II, vielleicht, um mit dem Schweller das Diminuendo vor der Fermate ausführen zu können? Im pppp dann *„nur ein 8'-Register aus III."*
Das Bestreben, eine hervortretende Stimme in Tenorlage mit dem 16' zu akzentuieren, findet sich wieder in op. 30. In T. 30/32 ist für die linke Hand vorgeschrieben: II 16', 8', p. In Fußnote ist auf eine Alternative hingewiesen: *„Wenn im II. Manual kein 16' vorhanden, so 8' + 4', aber eine Oktave tiefer spielen."*[1], ein Verfahren, das nicht nur zur technischen Erleichterung, sondern an neuen Orgeln auch an anderen Stellen zur Bereicherung der spärlichen 16'-8'-Palette dienen kann. In der folgenden Variation ist die Tenorlage des c.f. wieder durch 16' und 8' betont. Obwohl Reger dies nicht eigens vermerkt, wäre es auch hier denkbar, die linke Hand mit 8' und 4' eine Oktave tiefer zu spielen. Eine eigentümliche Vermischung der Lagen tritt gegen Schluß dieser Strophe auf, wenn die linke Hand das „Leitmotiv" mit 8', 4' spielt, die rechte Hand mit 16' und 8'.
In der dritten Strophe tritt erstmals bei Reger eine als *„dunkel"* charakterisierte Registrierung auf. Im Gegensatz zu der sonstigen Praxis, einen Oberstimmen-c.f. mit 8', die Begleitung mit 8' + 4' zu registrieren (s. u. S. 55), ist hier der c.f. *„etwas schärfer"* mit 8' und 4', die Begleitung dunkel mit 8' allein vorgeschrieben, wohl in Beziehung zum Text *„Tag und Nacht hab' ich gerufen"*. Bei der 5. Strophe *„Drum, Herr Christ, du Morgenröte, der du ewiglich aufgehst"* ist bezeichnenderweise wieder III 8', 4' für die begleitende linke Hand vorgeschrieben, II 8' ppp für den c.f. Der textbezogene Gegensatz von *„dunkler"* und *„lichter"* Registrierung spielt dann ja in op. 52,2 eine wichtige Rolle, ähnlich in der 5. Strophe von op. 52,3, auch im *Ave Maria* op. 80,5. Charakteristisch ist auch Regers Anweisung *„8' 4' ein bißchen hervortretend"* in T. 117f. Ähnliche Formulierungen finden sich in zahlreichen anderen Werken, so z. B. op. 52,2, T. 11: *„nur äußerst zart hervortretend"*, op. 52,3, T. 40: *„nur ganz leise hervortretend"*. Es liegt dem Komponisten offenbar sehr daran, daß Solostimmen- und c.f.-Führungen den Komplex der begleitenden bzw. kontrapunktierenden Stimmen nicht überdecken. Die Vorliebe Regers für charakteristisch gefärbte Registrierungen wird erneut deutlich bei der 6. Strophe, wo, dem Text folgend, nach

[1] An dieser Stelle wird besonders deutlich, wie mißlich das Weglassen der Regerschen Fußtonangaben in den Neuausgaben von Chr. Albrecht ist. Nur durch die Fußtonzahlen wird hier klar, daß die Stimme der linken Hand keine Alt-, sondern Tenorfunktion hat.

und nach alle *„schärferen Register“* abgestoßen werden, bis schließlich 8’ allein in tiefer Lage erklingt, dazu 32’ allein im Pedal, zum Schluß *„nur Lieblichgedackt 8’“*, also eine besonders dunkle Färbung (ähnlich in op. 52,2, T. 8f.). Diese schlägt zum Text *„bist du doch mein Licht, mein Hort“* plötzlich um: rechte Hand 8’, 4’, linke Hand 16’, 8’, 4’, in Sopran- und Altlage notiert, bequemer spielbar aber mit 8’, 4’, 2’ eine Oktave tiefer.
Zu Beginn des ersten Satzes von op. 33 ist f I 8’, 4’, 2’ ohne 16’ ausdrücklich vorgeschrieben, wohl, um bei den z. T. tiefliegenden, kompakten Satz den Klang nicht zu verdicken. T. 9 heißt es dann *„+ 16’ etc.“*, also wohl ein durch Mixturen zugleich aufgehellter Klang. In T. 20 des Intermezzo wird in III *„nur Äoline 8’“* für das pppp vorgeschrieben, Reger war also durchaus den Säuselstimmen nicht abhold. In T. 96 der Passacaglia begegnet noch einmal Posaune 16’ als Manualregister zusammen mit Trompete 8’ zur Markierung einer Tenorstimme. Hier liegt es besonders nahe, mit 8’ und 4’ eine Oktave tiefer zu spielen.
In den späteren Orgelwerken finden sich mit Ausnahme der schon erwähnten Stellen keine Registernamen mehr genannt, doch verraten auch Fußtonangaben und dynamische Bezeichnungen, ggf. im Zusammenhang mit der Satzstruktur, manches über Regers Klangvorstellungen.

Bei solistischer Oberstimme mit akkordischem oder figuriertem Unterstimmensatz lautet die Regersche Registrierungsanweisung stereotyp 8’ für die rechte Hand, 8’ 4’ für die Mittelstimmen, manchmal ist 16’ 8’ im Pedal angegeben. Die Stärkegrade sind meist für alle Registrierungen gleich, sie können ppp, pp, p., aber auch f sein (op. 67 Nr. 20). In einer Fußnote zur Erstveröffentlichung des später als Nr. 48 in op. 67 übernommenen Choralvorspiels *„Wer weiß, wie nahe mir mein Ende“* hat der Komponist seine mit dieser Registrierung verbundene Klangvorstellung formuliert: *„Die Solostimme (rechte Hand) auf 2. (resp. 1.) Manual mit sanft streichendem 8-Fuß-Register allein; die Begleitung (linke Hand) auf 3. (resp. 2.) Manual von leisem 8’- und 4’-Register, so daß sich die Begleitung immer wie ein Schleier (8’ + 4’) um und über die Solostimme (nur 8’) legt. Pedal sanft 8’ und 16’.“* Die gleiche Bezeichnung findet sich auch bei Cantus-firmus-Führungen im Tenor, so z. B. in der 4. Strophe von *„Straf mich nicht in deinem Zorn“* op. 40 Nr. 2. Wir können also dieses Registrierungsmuster auf ähnliche Fälle übernehmen, wo Fußtonangaben fehlen.

Der Kommentar Regers zur Orgel in Bad Salzungen (s. S. 20) zeigt, daß Reger offenbar zarte Solozungen wie Oboe und Klarinette schätzte.

Der Berliner Organist Walter Fischer, der mit Reger in engem Kontakt stand und die Uraufführung von op. 73 spielte, hat am 9. Mai 1910 bei der Tagung des Westfälischen Organistenvereins in Dortmund, an der auch Reger teilnahm, einen Vortrag mit dem Titel *Über die Wiedergabe der Orgel-Kompositionen Max Regers* gehalten. Fragen der Registrierung werden dort nur kurz gestreift, doch finden sich einige bezeichnende Hinweise: „. . . *Denn im Grunde genommen ist Regers Registrierung sehr einfach. Mit einer zart streichenden pp-Registrierung (Ged. 8’, Äoline 8’, Viola 4’ und entsprechendem Pedal) einem durchstechenden 8füßigen Register, – mit einem sonoren, prinzipalartigen Mezzoforte, einem gut besorgten Crescendo bis zum vollen Werk und einigen ‚marcato-’ Registern im ff wird im wesentlichen die ganze Regeriana bestritten. Er selbst liebt es, und gibt es auch stets so an, die melodieführende Stimme mit einem 8füßigen Register hervorzuhe-*

ben, während das Stimmengeflecht der Mittelstimme etwas schwächer intoniert, aber mit einem 4füßigen Register unterstützt und erhellt recht eindringlich zur Geltung kommen soll“ (Fischer 1910, 11). Wichtig sind hier vor allem die Hinweise auf das „sonore, prinzipalartige Mezzoforte“ – also ein gesättigter, nicht überspitzter Klang – und die „Marcato-Register“. Wie noch im folgenden zu bestätigen sein wird, bedeutet „marcato“ bei Reger also keine Artikulationsweise, sondern eine klangliche Hervorhebung.

II. Phrasierung und Artikulation

Reger verwendet folgende Bezeichnungen für Phrasierung und Artikulation:
Bögen
Punkte . . .
Striche – – –
waagerechte Keile > > >
senkrechte Keile ▼▼▼
Folgende Kombinationen dieser Zeichen treten auf:
Ein Staccato-Punkt unter einem Bogen kann nur über der letzten von mehreren Noten unter einem Bogen stehen: Striche können, wenn auch selten, zu mehreren unter einem Bogen stehen (op. 63, Nr. 9), ebenso waagerechte Keile (op. 52/2, T. 5). Der Bogen bezeichnet zunächst das gebundene Spiel kleiner Notengruppen. Tritt er über größeren Linien als Phrasierungszeichen auf, so ist nicht immer eindeutig zu entscheiden, ob er in jedem Fall gleichzeitig das durchgängige Legato-Spiel fordert. In der Regel ist dies der Fall, hier aber einige zweifelhafte Stellen:

op. 63/9, T. 1/2

ebda. T. 10ff.

Hier wäre ein leichtes Tenuto der mit Strichen bezeichneten Töne im Sinne einer Dehnung zu denken. Problematischer ist das Choralzitat im 2. Satz der Sonate op. 60:

T. 51f.

Ob sich hier *„ben legato"* nur auf die Mittelstimmen bezieht? Im Pedal-c.f. in op. 59/12 finden wir allerdings in der Pedalstimme Striche, *„marcato"* und *„ben legato"* gleichzeitig!

Den Tenuto-Strich unter einem Bogen verwendet Reger gerne zur Kennzeichnung eines bedeutsamen Motivs. So sind fast alle BACH-Zitate samt Abwandlungen in op. 46 mit – – – bezeichnet, ebenso in op. 57 das in T. 11, letztes Viertel erstmalig auftretende Vier-Achtel-Motiv. Eine ähnliche Funktion hat die Bezeichnung – – – zu einem charakteristischen Pedalmotiv in op. 67/40.

Auch waagerechte Keile können mit der Vorschrift „ben legato" verbunden sein, so in op. 52/2, T. 160ff. Das Beispiel aus op. 59/12 zeigt, daß „marcato" keine Artikulationsbezeichnung ist, sondern die klangliche Hervorhebung einer Stimme verlangt. Ähnliche Beispiele u. a. in op. 52/3, T. 165 und op. 67/1. In op. 67/35 heißt es *„p ma un poco marcato"*. Der Schluß, daß Keile, Striche und „marcato" nur dann legato auszuführen sind , wenn „ben legato" eigens vorgeschrieben ist, ist allerdings nicht zulässig, denn in der Regel versteht sich legato-Spiel auch ohne diese Vorschrift von selbst, es ist nach der Organistenpraxis des späten 19. Jahrhunderts die Regelspielweise, wenn nichts anderes ausdrücklich vorgeschrieben ist. Zweimal verwendet Reger die Bezeichnung *„mezzo legato"*. In op. 67/4 steht die zu Beginn der Pedalstimme. Hier fehlen auch die ansonsten in allen Stimmen angebrachten Bögen, sie setzen im Pedal erst T. 8 mit der Vorschrift *„legato"* ein. Bezieht sich „mezzo legato" in T. 18/19 des 1. Satzes von op. 60 auf die kleingliedrige Phrasierung oder auf die Artikulation der Sechzehntel?:

Karl Straube hat offensichtlich immer wieder die gedruckten Artikulationsangaben Regers weiter differenziert. Dies geht nicht nur aus den Erinnerungen seines Schülers Heinz Wunderlich bezüglich op. 57 hervor (s. u. S. 64), sondern auch aus seinen Neuausgaben von 1912 und 1919. Schon das ihm überlassene Autograph von op. 52/2, aus dem Straube die Uraufführung am 12. Mai 1901 vorbereitete, zeigt eine weitgehende Differenzierung der Artikulation des Fugenthemas. Im folgenden Beispiel stehen die Bezeichnungen Regers unter den Noten (Verlagsautograph und Druckfassung haben die Tempobezeichnung Allegro vivace), Straubes Eintragungen stehen darüber.

Allegro con moto (quasi vivace)

Auch in Fällen, in denen Reger selbst eine differenziertere Artikulation angibt, geht Straube in seinen Bezeichnungen darüber hinaus: op. 65/8, T. 1ff., Erstausgabe

desgl., Straubes Ausgabe in Ed. Peters 3455

Wir stehen hier wieder vor der schwer lösbaren Frage der Authentizität. Wenn Reger diese Bezeichnungen und die damit intendierte Spielweise billigte, warum hat er sie dann nicht in die Druckfassungen übernommen? Waren es nur Regers begrenzte Einsichten in die subtilen Artikulationstechniken, mit denen Straube an der pneumatischen Orgel seiner Zeit ein konturiertes, plastisches Klangbild erreichte, die den Komponisten daran hinderten, selbst so differenzierte Bezeichnungen einzutragen?

Immerhin hat Reger ab etwa 1902 motorisch geprägte Themen mit reicher Artikulation versehen (op. 56/2, 65/8, 80/4, 80/12, 85/2, 92/7, 127, 135b, 2. Thema), und auch artikulatorische Finessen sind ihm nicht fremd. So werden in T. 22ff. der Fuge aus op. 56/2 (1904 erschienen!) die drei Stimmen mit drei sehr unterschiedlichen Artikulationsbezeichnungen versehen. Deshalb scheint es nicht abwegig, bei Fugenthemen ähnlichen Charakters, die in den früheren Werken nur mit Phrasierungsbögen versehen (op. 40/1) oder ganz unbezeichnet sind (op. 29), entsprechend zu artikulieren.

Für die Ausführung der Symbole können nun folgende Faustregeln gelten: Der Bogen bezeichnet grundsätzlich eine legato zu spielende Phrase, die ggf. bei motorischer Gestaltung artikulatorisch strukturiert werden kann.

Staccato-Punkte bezeichnen mehr oder weniger starke Trennung der Töne, in einigen Werken durch die gleichzeitige Verwendung von senkrechten Keilen oder von Strichen differenziert.

Waagerechte Keile und Striche können ein Portato oder Tenuto bezeichnen, oft aber auch eine bloße klangliche Hervorhebung, zumal im Pedal. Im Manual dienen waagerechte Striche in Choralbearbeitungen häufig nur zur Kenntlichmachung des C.f., in op. 135a zur Verdeutlichung von Tonwiederholungen im C.f.

Schließlich darf, wie überhaupt bei Artikulationsfragen, das Problem des Verhältnisses zwischen Spieltechnik und klanglicher Realisation auch bei Reger nicht übersehen werden. Je nach den Spezifika von Traktur und Pfeifenan- bzw. -absprache, besonders aber der Raumakustik, kann z. B. ein Non-legato-Spiel zu einem Legato-Effekt führen. Dazu kommt, daß der Regersche Orgelsatz spieltechnisch oft nur eine mehr oder weniger große Annäherung an das vollkommene Legato erlaubt, gleichzeitig aber ein akustisches Über-Legato häufig nicht verträgt.

Neben der Erörterung der notationspraktischen Fragen sollte der Spieler deshalb nicht das Ziel aus dem Auge verlieren, dem Hörer ein plastisches, durchhörbares Klangbild zu vermitteln, das gleichwohl nicht atomisiert oder holzschnittartig wirken soll.

III. Tempo

W. Fischer warnte schon 1910 vor zu schnellen Tempi (Fischer 1910, S. 16f.), und mehrere Gewährsleute berichten unabhängig voneinander, daß der Komponist sich selbst immer wieder in ähnlichem Sinne äußerte und seine Werke oft im Widerspruch zu seinen eigenen Tempovorschriften überraschend langsam nahm. Hier sei auf zwei Zeugnisse hingewiesen: H. Klotz bezieht sich im Vorwort zu Bd. 15 der Gesamtausgabe auf entsprechende mündliche und schriftliche Äußerungen des Regerschülers Karl Hasse (S. XI), und der Organist Gerard Bunk erhielt 1910 beim Dortmunder Reger-Fest vom Komponisten den Rat: „*Junger Mann, spielns meine Sachen halt net zu schnell; Brahms und ich, mir habn den gleichen Fehler gemacht: mir schrieben unsere Tempi halt viel zu schnell auf, spielns alles recht ruhig, auch wanns schneller dasteht.*“ Bunk spielte 1915 zusammen mit Reger die vierhändige Klavierfassung der Mozart-Variationen und berichtet über den Beginn der Fuge: „*Reger spielte* [. . .] *diesen Anfang in seinem unnachahmlichen Pianissimo, in einem Tempo, das er m. E. ruhig mit ‚Adagio' hätte bezeichnen können*“ (Bunk 1958, 74 u. 78).

Die Metronomangaben in Straubes Ausgaben sind durchweg etwa um die Hälfte gegenüber den Zahlen in den Erstausgaben reduziert. Daß er damit den Intentionen Regers nahekam, zeigt ein Vergleich der Tempi im *Benedictus* op. 59/9 in der Erstausgabe, in der Ausgabe Karl Straubes *(Drei Orgelstücke aus op. 59, im Einverständnis mit dem Komponisten herausgegeben,* Ed. Peters 3286), in der Einspielung Regers an der Welte-Orgel (s. o. S. 26 ff. dort auch Näheres zur Problematik dieser Einspielung), schließlich in der Einrichtung Regers für Harmonium (Ed. Peters 3215):

Erstausgabe	Adagio ♩ = 64	Vivace assai	𝅗𝅥 = 96	Più vivace	𝅗𝅥 = 130
Straube	Adagio ♪ = 72	Un poco mosso	♩ = 72–92	sempre ritardando	
Reger	♪ = 66–76		♩ = 63–76		♩ = 76–80
Harmonium	Adagio ♩ = 64	Più mosso	♩ = 96	Più vivace	♩ = 144

Erstausgabe	Adagio ♩ = 64
Straube	Tempo I
Reger	♪ = 66–76
Harmonium	Adagio ♩ = 64

Von T. 31 bis 40 folgt Reger in seiner Einspielung der eigenen Vorschrift *„sempre poco a poco stringendo"* nur sehr zurückhaltend, ab *„Più vivace"* steigert er das Tempo noch einmal ganz leicht, folgt also nicht Straubes *„sempre ritardando"*.
In der Einspielung der *Melodia* op. 59/11 weicht Reger noch stärker von seiner eigenen Bezeichnung 𝅗𝅥 = 60–72 ab. Bei sehr freier Agogik liegt der Mittelwert bei ca. ♪ = 44, wobei die in Vierteln bzw. Achteln notierten Stellen T. 1–3, 14, 19, 25–27 wesentlich schneller genommen sind.

IV. Verzierungen

Die von Reger in seiner Orgelmusik verwendeten Symbole und Bezeichnungen sind folgende:

tr, meist mit ∿∿∿ Triller
𝆗 Pralltriller
𝆘 Mordent
∾ Doppelschlag (sehr selten)

Wir dürfen weder die Symbole noch die Termini in Beziehung setzen zu heutigen Erkenntnissen über Symbolik, Terminologie und Ausführung bei den Verzierungen des 18. Jahrhunderts. Daß zur Zeit Regers andere Auffassungen bestanden und die Verzierungen in der Musik des 17. bis 20. Jahrhunderts unterschiedslos gleichartig gedeutet und ausgeführt wurden, müssen wir als Voraussetzung für eine korrekte Interpretation der Regerschen Orgelmusik akzeptieren.
Der Triller beginnt stets mit der Hauptnote, die ganz wenigen Ausnahmen sind sorgfältig bezeichnet, z. B.:

op. 16 T. 2

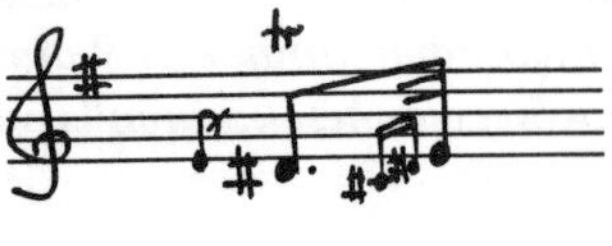

op. 67 Nr. 4

Die Nebennote ist stets die diatonische Obersekunde, Ausnahmen bzw. nicht ohne weiteres zu identifizierende Diatonik sind durch Versetzungszeichen sorgfältig bezeichnet. Fast ausnahmslos ist das Trillerzeichen von einer Wellenlinie begleitet, die seltenen Fälle ihres Fehlens scheinen Flüchtigkeitsversehen zu sein. So ist nicht anzunehmen, daß die beiden folgenden Triller aus op. 67 Nr. 5 verschieden ausgeführt werden:

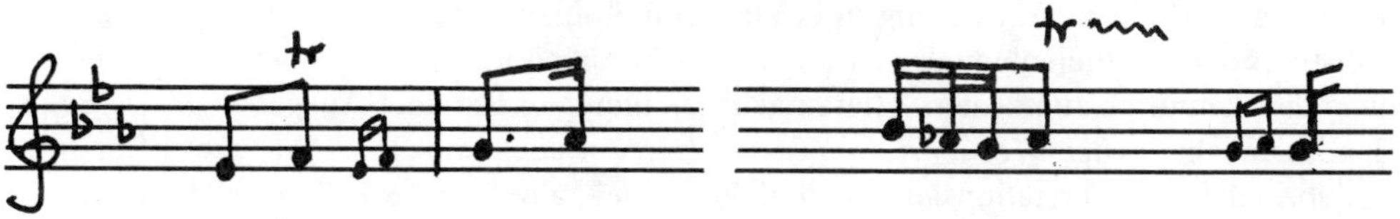

Die Triller sind fast ausnahmslos mit Nachschlägen versehen, die Reger immer sehr genau notiert. Sind keine Nachschläge notiert, so sollen auch keine gespielt werden, in op. 135b, Fantasie, 6. und 7. Takt vor Schluß wird durch eine Fußnote eigens darauf hingewiesen. Der „Pralltriller“ (∿) besteht aus einer einmaligen Berührung der diatonischen Obersekunde auf der Zeit, beim Mordent (∿|) geschieht das gleiche mit der chromatischen Untersekunde. So sind diese Zeichen in seiner Fußnote in Regers und Straubes Bearbeitung der zweistimmigen Inventionen von J. S. Bach expliziert: *„Alle Mordente stets mit kleiner, chromatischer Untersekunde, dagegen alle Pralltriller stets mit diatonischer Obersekunde.“* In der Pedalstimme sind dort die Verzierungen meist in kleinen Noten dargestellt, z. B.:

5. Invention

In op. 69/6 (T. 22) und op. 73 (T. 1 und T. 202ff.) ist die chromatische Untersekunde beim Mordent durch Vorzeichen verdeutlicht.

V. Die „Straube-Tradition“

Zu den grundlegenden Problemen des Reger-Spiels gehört die Frage, inwieweit die Interpretationen Karl Straubes, die durch seine Neuausgaben (s. S. 72) und seine Schüler überliefert sind, als von Reger autorisiert oder als Verfälschung der Intentionen des Komponisten angesehen werden müssen. Hierüber haben zwei namhafte Reger-Interpreten eine heftige Kontroverse ausgetragen (Stockmeier 1974, Högner 1974, Stockmeier 1975).

Die von Regers Bezeichnungen z. T. stark abweichenden Interpretationen Straubes müssen vor dem Hintergrund des Verhältnisses von Komponist, Notentext und Interpret im ausgehenden 19. Jahrhundert gesehen werden. Die Frage nach einem eindeutig fixierten, vom Interpreten in jeder Hinsicht streng zu befolgenden Werktext stellte sich damals nicht. Straube war noch ein Vertreter des Interpretentypus' des 19. Jahrhunderts, der in seinen Neuausgaben seine persönliche Auffassung in Gestalt von Spielanweisungen niederlegte und dabei selbstverständlich diejenigen des Komponisten, wenn nötig, veränderte oder unterdrückte, ohne dies kenntlich zu machen. Hierzu gehören nicht nur Straubes Ausgaben des 2. Bach-Bandes und die *„Alten Meister des Orgelspiels"*. Wie auch seine Liszt-Ausgabe zeigt, hielt Straube solche Interpretationsausgaben nicht nur bei „alter", unbezeichneter Musik für angebracht.[2] Max Reger hat etwa die Straubesche Ausgabe der Stücke aus op. 59 sicher auch in diesem Zusammenhang gesehen und gutgeheißen. Mit dieser Autorisierung wurde kein neuer authentischer Werktext geschaffen, sondern eine den Komponisten überzeugende Interpretation niedergelegt. Sicher dürfen wir auch in Rechnung stellen, daß Reger sich dem virtuosen Organisten Straube in Fragen der Orgelinterpretation, aber auch intellektuell und an persönlicher Stabilität, unterlegen fühlte und wußte, was er als schwer um seine Anerkennung ringender Komponist dem Einsatz und der überragenden Kunst seines Freundes verdankte. Auch deshalb lag es nahe, daß Reger sich mit Straubes Interpretationen bereitwillig identifizierte. Wir können deshalb Straubes Interpretationsüberlieferung weder als endgültige, authentische Manifestation der Absichten des Komponisten noch pauschal als deren willkürliche Verfälschung ansehen, sondern als eine wichtige Quelle zur zeitgenössischen Reger-Interpretation. Wie alle solchen Quellen verdient sie eine kritische Würdigung. Wo die Spielanweisungen Regers im Sinne der organistischen Praxis detailliert werden, können Straubes Angaben wertvolle Hinweise zu inzwischen verlorengegangenen Traditionen der Behandlung der „spätromantischen" Orgel vermitteln. Wo Straube sich in offenem Widerspruch zu Regers Bezeichnungen befindet, wird der Spieler vor der Aufgabe stehen, nach seinen eigenen musikalischen Einsichten zu entscheiden. Die musikalische Quellenforschung kann zu dieser Entscheidung nur beitragen, indem sie darauf hinweist, daß Reger die Interpretationen Straubes weder abgelehnt noch ausdrücklich in dem Sinne autorisiert hat, daß seine eigenen Vortragsbezeichnungen damit generell als widerrufen gelten können.

Anhang: Erhalten gebliebene Orgeln der Regerzeit

Eine wichtige Quelle für die Klangvorstellungen und die Registrierungspraxis, nicht zuletzt auch für die spieltechnischen Voraussetzungen der Regerschen Orgelmusik, bilden unverändert erhaltene bzw. wieder in ihre Originalgestalt zurückversetzte Orgeln der Regerzeit. Im folgenden ist eine Liste von größeren Instrumenten mitgeteilt, die ein Studium unter diesen Gesichtspunkten lohnen. Die Aufzählung erhebt keinen Anspruch auf Vollständigkeit. Ausgeschlossen bleiben Instrumente mit mechanischer Spieltraktur, denen Reger

[2] Auf das Problem der „subjektiven" Interpretation ist Straube eingegangen, als er Walter Fischer gegenüber die Bezeichnungen zu Tempo, Manualgebrauch und Dynamik zu Beginn der Fuge op. 65,2 in moderato molto, pp, III abänderte: *„Auch der Komponist steht seinem Werke nicht objektiv gegenüber. Die organische Linie des Aufbaues gibt der Nachschaffende im Augenblick der Wiedergabe"* (Fischer 1910, 17).

zwar noch oft begegnete, die jedoch seinen Vorstellungen von einer zeitgemäßen Orgel nicht entsprachen. Aus praktischen Gründen ist die Liste auf Orte in der Bundesrepublik und Westberlin beschränkt.

Beckum, St. Stephanus, III/60, Klais 1913
Berlin-Haselhorst, Ev. Weihnachtskirche, III/40, Steinmeyer 1913
Berlin-Wedding, Ev. Stephanuskirche, III/40, Schlag & Söhne 1904
St. Blasien, Dom, III/55, Schwarz 1913
Bonn, St. Elisabeth, III/45, Klais 1911
Dortmund-Asseln, Ev. Kirche, II/27, Furtwängler & Hammer 1907
Dortmund-Dorstfeld, Ev. Kirche, III/40, Sauer 1905
Essen-Werden, Ev. Kirche, III/37, Walcker 1900
Giengen/Brenz, Ev. Stadtkirche, III/51, Link 1906
Mannheim, Christuskirche, IV/92, Steinmeyer 1911
Mönchengladbach-Rheydt, Ev. Hauptkirche, III/40, Sauer 1902
Salem, Münster, III/38, Schwarz 1900
Verden, Dom, III/54, Furtwängler & Hammer 1916
Wiesbaden, Lutherkirche, III/46, Walcker 1911

HEINZ WUNDERLICH

Karl Straubes Vortragsbezeichnungen in der Symphonischen Phantasie und Fuge op. 57

Mein Lehrer Karl Straube pflegte im Unterricht Interpretationswünsche lebender Komponisten mit äußerster Akribie zu verfolgen. Ehrfurcht vor dem Werk und seinem Schöpfer war ein Begriff, den er nicht nur im Munde trug. Ich habe zum Beispiel miterlebt, daß er Johann Nepomuk David nicht nur in meinen eigenen, sondern auch in Unterrichtsstunden von Kommilitonen um Beurteilung und gegebenenfalls Korrektur der erarbeiteten Interpretation eines seiner Werke bat. Straubes Reger-Interpretationen (und damit -Korrekturen) dürften infolgedessen nicht nur im Endeffekt die volle Zustimmung des Komponisten gefunden haben, sondern bereits vorher in engster Zusammenarbeit mit dem Freund abgestimmt worden sein.

Die Differenzen zwischen Straubes Interpretation und den Angaben des Komponisten im Originaltext sind bei der Symphonischen Phantasie und Fuge op. 57 ganz besonders kraß. Da ich vermutlich der einzige bin, der die Vortragsbezeichnungen und Eintragungen Straubes zu diesem Werke besitzt und der es außerdem auch in der Fassung bei ihm studiert hat, die er auf der Höhe eigenen Virtuosenruhmes seiner Interpretation zugrunde legte, halte ich es für meine Pflicht, die für das rechte Verständnis dieses großartigen Werkes äußerst wichtigen Angaben der Nachwelt zu überliefern.

Nach meinem Kirchenmusikexamen 1940 in Leipzig (ich studierte Orgel ausschließlich bei Straube) habe ich bis zur Einberufung zum Wehrdienst noch ein halbes Jahr mit Straube gearbeitet. Es war offensichtlich ein besonderes Anliegen meines Lehrers, während dieser Zeit u. a. die Symphonische Phantasie und Fuge mit mir einzustudieren. Wie bereits erwähnt, wurden hierfür die Interpretationsangaben zugrunde gelegt, die Straube selbst sowohl für die Uraufführung am 20. Februar 1902 in der Alten Garnisonkirche Berlin als auch für die Aufführung auf dem Deutsch-Schweizerischen Tonkünstlerfest in Basel (14. Juni 1903) gebrauchte, wo die musikalische Weltöffentlichkeit zum erstenmal mit Regers Werken (op. 27 und op. 57) bekanntgemacht wurde. Zum Dank und zur Erinnerung an diesen besonderen Anlaß widmete Reger Straube die fis-Moll-Variationen.

Straube erhielt in der Regel sofort nach der Niederschrift einer neuen Orgelkomposition von Reger eine eigenhändige Kopie; das Werk war häufig bereits vor Drucklegung studiert, wenn nicht sogar uraufgeführt. Für op. 57 schien Reger verständlicherweise die Arbeit des Abschreibens zu scheuen, denn in seinem Brief aus Weiden vom 7. Mai 1901 (Straube-Briefe 1986, 19 ff.) schreibt er: „*In der Voraussetzung, daß Dich dieser Brief in Berlin eher er-*

reichen wird, adressiere ich denselben dorthin . . . Die Symphonische Phantasie und Fuge op. 57 erhälst Du nächsten Sonntag früh! Ich sende Dir selbe noch nach Berlin, damit Du sie in Berlin abschreiben lassen kannst; ich bin Dir sehr verbunden dafür, daß Du selbe abschreiben läßt, denn es ist eine miserable Arbeit. . ." Später erfahren wir durch den gleichen Brief, wie hoch Reger seinen Freund Karl Straube als Interpreten einschätzte: *„Deinen verehrten Eltern bitte ich mich bestens zu empfehlen und ihnen zu sagen, daß sie am 12. Mai den größten Organisten der Jetztzeit zu hören bekommen werden!"*

Nachdem ich die Symphonische Phantasie studiert hatte, veranlaßte Straube die öffentliche Aufführung des Werkes am 2. April 1941 im Vortragsabend der Leipziger Musikhochschule. Er hatte dazu u. a. zahlreiche Persönlichkeiten des Lehrkörpers eingeladen, um sie mit dem Werke vertraut zu machen. Die Richtigkeit meiner Interpretation bestätigte mir Straube unter dem 9. April 1941: *„. . . danke ich Ihnen sehr für Ihre wunderbare Wiedergabe von Max Reger's op. 57. Es war eine hervorragende Leistung . . .*" In einem Brief *„München, 11. Oktober 1905"* (Straube-Briefe 1986, 100) hat Reger an Straube eine inhaltlich gleichlautende Bestätigung für die Richtigkeit seiner Interpretation gegeben: *„Nochmals meinen wärmsten Dank für so unvergleichliche Interpretation meiner opera 52 II und 57."* Damit dürfte die lückenlose und authentische Überlieferung der Interpretation dieses Werkes, so wie ich es heute noch spiele, durch Reger selbst bestätigt sein.

Der Themenkomplex: „Tod, Gericht und Ewigkeit" nimmt in Regers Schaffen einen breiten Raum ein, und es gibt – in unserem Jahrhundert, das den Tod mehr und mehr aus dem Bewußtsein verdrängt – keinen zweiten Komponisten, der sich dieser Thematik in ähnlicher Weise zugewendet hätte. Auch die Symphonische Phantasie und Fuge hat mit dem Ringen um solche Fragen zu tun, und es gehörte zu Straubes Unterrichtsweise, sie als für die Interpretation wichtigen Faktor zu erörtern. So erklärte er mir denn, daß Reger sehr fromm und zugleich auch sehr schweigsam gewesen sei, wenn es um die ihn innerlich berührenden Fragen ging. Zu op. 57 sei er durch die „Göttliche Komödie" von Dante angeregt worden. Strophen aus dem „Inferno", wie: *„Weh euch, verworfne Seelen, wehe! Nicht hoffet je zu sehn das Paradeis. Hinüber bring ich euch zum Strande in ew'ge Finsternis und Eis"*, hätten ihn immer wieder beschäftigt und zu dieser Komposition geführt.

Auch in einem Programmentwurf (vom 20. 4. 1904, ebenfalls schon seit längerem veröffentlicht; Rahner 1936, 58), findet sich zu op. 57 der Vermerk *„Angeregt durch Dantes Inferno"*. Es wäre fehl am Platze, nun in dieser Komposition Programmusik im Sinne der Neudeutschen Schule zu vermuten. Es wird vielmehr nur ganz allgemein ausgedrückt, welche geistige Auseinandersetzung gewissermaßen „Pate gestanden" hat. Auch deutet das Adjektiv „symphonisch" nicht in die Richtung der symphonischen Dichtung oder Orgelsymphonie, sondern will auf die Ausdrucksgewalt der musikalischen Großform – und da ist die Fuge mit eingeschlossen! – hinweisen. Nach Straubes Meinung haben sowohl die dreiteilige Phantasie (die noch entfernt an die klassische Sonatenform mit ihren zwei Themen, der Durchführung und der regelrechten Reprise erinnert) als auch die große Doppelfuge durch ihre vierteilige Form die Bezeichnung „symphonisch" veranlaßt.

Diese vierteilige Fugenform ist für den Uneingeweihten nicht ohne weiteres klar erkennbar. Straube legte besonders großen Wert auf ihre Ausarbeitung, weshalb hier Hinweise zur Interpretation vorweggenommen werden sollen:

1. Satz	Durchführung des ersten Themas
2. Satz (quasi Adagio)	Durchführung des zweiten Themas
3. Satz (Scherzo)	Zwischenteil, aus einem kurzen Motiv des ersten Themas entwikkelt, in dessen Verlauf das zweite Thema zweimal anklingt
4. Satz (Finale)	Zusammenführung der beiden Themen

Die technisch schwierigste Stelle des gesamten Werkes, der Zwischenteil (Scherzo), verdient besondere Aufmerksamkeit. Regers Musik will hier in einem spritzigen Leggiero gespielt werden. Für den Zuhörer muß sie leicht und elegant klingen; er darf von den enormen technischen Schwierigkeiten, die der Spieler zu bewältigen hat, nichts bemerken. Äußerste Deutlichkeit, gepaart mit einer gut ausgearbeiteten Artikulation, ist Grundbedingung.

Dynamisch darf dieser Zwischensatz nie über die durchsichtige mf-Klangstärke einer Bachschen Triosonate hinausgehen (nur Manualwechsel, keine Crescendi!). Man vergegenwärtige sich, was fff auf dem III. Manual (so Regers Bezeichnung!) einer romantischen Orgel der Regerzeit bedeutete; so z. B. auf der Sauer-Orgel der Leipziger Thomaskirche (s. S. 18). Von einem fff des III. Manuals konnte dort selbst beim Ziehen sämtlicher Register keine Rede sein! Wenn der heutige Spieler drei f sieht und dann ohne Überlegung sein modernes III. Manual mit Mixturen und Zimbeln voll einsetzt, dann ist die Verzeichnung dieses Teils perfekt. Deshalb: Eine helle Registrierung wählen, jedoch nach Möglichkeit ohne grobe Stimmen und Mixturen! Ebenso falsch wäre, das Scherzo hier heiter zu verstehen. Es hat vielmehr den Charakter des Dämonischen, luziferhaft Gespenstischen.

Im anschließenden Schlußteil der Fuge (Finale) werden, wie bereits erwähnt, beide Themen zusammengeführt; hier ist der Deutlichmachung des Stimmengeflechts besondere Sorgfalt zuzuwenden. In meinem Notenexemplar strich Straube die Tempobezeichnung „*Allegro brillante e vivacissimo*" und trug „*Moderato assai*" ein; das heißt, daß das Tempo nicht zu schnell genommen werden darf. Im Gegensatz zur virtuosen Leichtigkeit des Scherzos hat dieser Fugenabschnitt majestätisches Gewicht auszustrahlen. Dynamisch beginne man diesen Teil nicht zu stark, um die Deutlichkeit nicht zu gefährden und genügend Steigerungsmöglichkeiten für eine terrassendynamische Weiterentwicklung aufzusparen. Artikulation und Phrasierung, namentlich der letzten drei Seiten, sollten übertrieben klar sein, um dem dicken Satz Durchsichtigkeit zu verleihen.

Die Interpretation der Phantasie kann unter Umständen noch zu größeren Verzeichnungen als bei der Fuge führen.

Die Phantasie beginnt mit einer schrillen Dissonanz, die heute noch – mehr als 80 Jahre nach ihrer Entstehung und nach allen Entwicklungserscheinungen moderner Musik – unvorbereitete Zuhörer erschreckt zusammenfahren läßt. Diese Dissonanz, die im Ablauf der Phantasie noch fünfmal wiederkehrt, hat Straube mit einer kurzen Fermate versehen. Ohne Fermate verliert der dissonante Klang seine Wirkung.

Von äußerster Wichtigkeit sind Straubes Änderungen der Tempobezeichnungen in der Phantasie. Zunächst darf natürlich vorausgesetzt werden, daß der Spieler genau liest und die 32tel von den 64teln und diese von den 128teln zu unterscheiden vermag.

Grundsätzlich muß das Gesamttempo von den schnellsten Notenwerten her und das sind hier 128tel (mit fünf Balken!), bestimmt werden. Obwohl zur Gestaltung der Phantasie ein erregtes Rubato erforderlich ist, darf sich der Interpret nicht zu rhythmischen Willkürlichkeiten verleiten lassen. Zählgrundeinheit sind die 16tel.

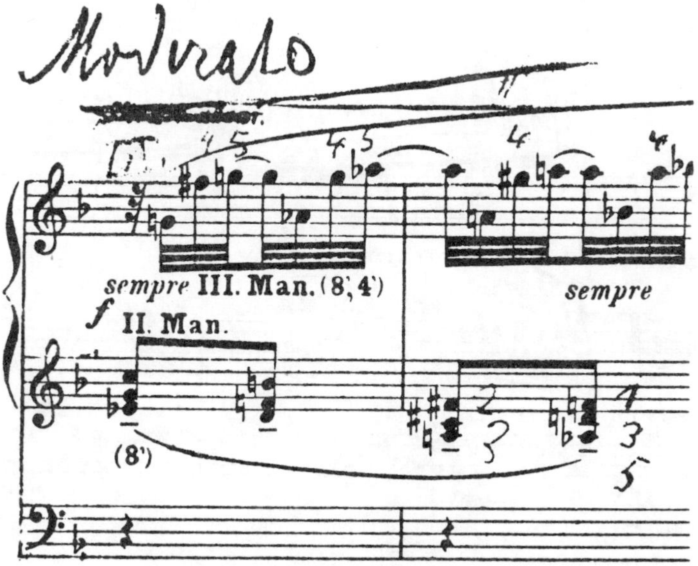

do
Org. Pl.
I. Man.
>ppp
I. Man.
e sempre poco a poco cr
II. Man.
>ppp
(+ C. II, III.)

Finger- und Fußsätze sowie Artikulation sind auf das genaueste auszuarbeiten, so daß auch die schwierigsten Passagen einwandfrei und die weitgriffigsten Akkorde legato erklingen können. Der kompakte Satz verlangt äußerste Durchsichtigkeit in Registrierung und Spiel. Mit einer quasi Alfrescointerpretation ist Reger nicht gedient.

Thematische Grundlage der Phantasie sind zwei Motive. Das chromatische Hauptthema besteht aus vier Noten, ähnlich demjenigen der B-A-C-H-Phantasie op. 46.

Auch seine Durchführung in sequenzartigen Variationen ist der B-A-C-H-Phantasie verwandt. Im Gegensatz aber zu op. 46, dem nur ein einziges Thema zugrunde liegt, tritt in der Symphonischen Phantasie ein zweites Themenmotiv hinzu, quasi analog dem zweiten Thema in der Sonatenform.

Beide Themen werden innerhalb des Durchführungsteils auch zusammengeführt. Aufmerksamkeit ist dem längeren pp-Adagio-Mittelteil zu widmen. Hier muß die Wirkung eines sehr farbigen romantischen Orchesters im Tempo rubato (mit feinen dynamischen Schattierungen) erreicht werden. Crescendo und Decrescendo werden, zusätzlich zum Einsatz des Schwellers, durch dreifach aneinandergekoppelte Manuale erreicht, deren Registrierungen in schwachen Abstufungen zarte streichende und gedeckte Stimmen enthalten müssen. Das Hinauf- und Herabwechseln auf den Manualen geschieht niemals gleichzeitig mit allen Tönen eines Akkords.

Straube deutete die letzten Akkorde im Adagissimo dieses Teils als *„das Entschwinden des Verklärten, das der Verworfene mit ansehen muß“*. Von dieser Deutung her muß auch das erneute Auftreten der Eingangsdissonanz (als Symbol der Verzweiflung) verstanden werden. Dramatische Spannung ohne Lösung liegt in einem großen Bogen über dem Werk, und der Interpret hat mit aller erdenklichen Sorgfalt diesen Spannungsbogen zu gestalten. Straubes Anweisungen sind auch in diesem Falle ein Musterbeispiel für die Behandlung der Komposition, und deshalb sollen abschließend die wichtigsten Beziehungen und Änderungen folgen, wobei ich die Takte von Phantasie und Fuge jeweils durchnumeriert habe.

Phantasie

Takt Nr.

1 Tempobezeichnung ändern in: *Agitato, ma non allegro, e molto espressivo*
Kurze Fermate über dem Dissonanz-Akkord (dasselbe in den Takten Nr. 2, 45, 46, 58 und 59)

4 (letztes Achtel) bis 5 (drittes Viertel einschl.) Im Pedal keine Oktaven spielen. Zur Ausführung eines guten Legato nur untere Noten verwenden

5 (letztes Viertel) Ritardando

6 a tempo

8 kein Diminuendo; bleibt Tutti bis drittes Viertel einschl., dann subito p (II. Man.), sehr breit

9 bis 11 (Adagio) Angekoppelte Manuale, mit zarten Registern in schwachen Abstufungen besetzt. Cresc. u. decresc. wird durch Herauf- und Hinuntergleiten der Hände ausgeführt: In T. 10 (zweites Viertel, letztes Sechzehntel) l. Hand vom Schwellwerk (III. Man.) a. d. II. Man. Drei Sechzehntel später folgt i. d. r. Hand im Diskant d^2; mit dem nächsten Akkord sämtliche Stimmen d. r. Hand a. d. II. Man. T. 10 (drittes Viertel) + 4'; die beiden Sechzehntel d. l. Hand a. d. I. Manual. T. 11 mit dem zweiten Viertel l. Hand a. d. II. Man. zurück, r. Hand drei Sechzehntel später a. d. III. Man. zurück. Zweites Viertel, letztes Sechzehntel folgt l. Hand a. d. III. Man., anschließend Schließen des Schwellers

11 (letztes Viertel) Tempoänderung von *Vivace assai* in *Moderato*

19 bis 21 (zweites Viertel) Allmähl. Stringendo, verbunden mit dynamischen Steigerungen. Die folgenden arpeggierten Akkorde nicht vivacissimo, sondern largo

22 (drittes Viertel) Ritenuto molto, letzte Note des Taktes kurze Fermate

23 a tempo

24 (II. Man.) Nicht fff, sondern f

27 (drittes Viertel, 2. Hälfte) Nicht fff, sondern f. Linke Hand I. Man., r. Hand II. Man. (Manuale gekoppelt)

30 ff, beide Hände I. Man., im Ped. jeweils Phrasierungseinschnitt vor dem Triller

31 Letztes Viertel großes Ritenuto

32 bis 44 (Adagio) wird im Tempo rubato, dynamisch analog d. ersten Adagio in T. 9–11 ausgeführt. T. 44 (adagissimo) = sehr breit und molto legato

50 bis 52 Nicht fff, sondern f

53 ff, linke Hand I. Man., r. Hand II. Man., vom dritten Viertel an beide Hände I. Man.

55 dyn. Steigerungen bis zum Tutti

56 letzter Akkord mf bis p (Echo) und Schließen des Schwellers

57 (nach Fermate) nicht vivacissimo assai, sondern „Sehr ruhig beginnend" – nicht ff, sondern mf anfangen. Die Terzen in der linken Hand tupfen

57 bis 58 Temposteigerung bis zum Prestissimo. Gleichzeitig dynamische Steigerung bis zum ff.

59 bis 61 (letztes Viertel) Akkorde erregt, aber breit ausspielen

62 Sehr breit

Fuge

Takt Nr. (Auftakt ist Takt 1!)

1 Tempobezeichnung ändern in: Gemäßigtes Allegro, Achtel etwa 126

Artikulation des Themas:

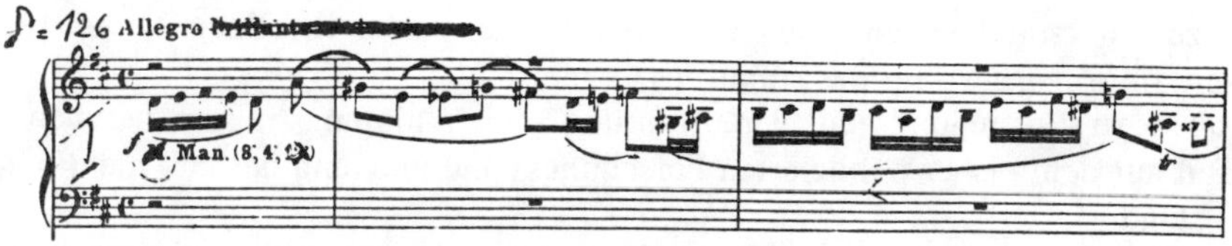

49 bis 55 ff, dynamisch weiter steigern und breiter werden

56 (zweite Hälfte) II. Man. mf., nicht fff, und großes rit.

58 (Zweites Thema) Sehr breit, quasi langsamer Satz, Achtel etwa 66

71 bis 72 nicht stringendo, sondern ritenuto

73 nicht *Allegro brillante e vivacissimo,* sondern Allegretto, quasi Scherzo, Achtel etwa 168

86 bis 88 Artikulation der Sexten:

101 (Zusammenführung der Themen) l. Hand f, nicht fff – I. Man.; r. Hand ein Achtel später f – II. Man., nicht *Allegro brillante e vivacissimo,* sondern Moderato assai, Achtel etwa 120–126

107 (letztes Achtel) r. Hand a. d. I. Man.

116 Pedal Verstärkung

125 ff und breiter werden

136 ritenuto

137 (zweites Achtel) fff – mit Beginn des Pedaltrillers starkes Stringendo bis T 139 Mitte

139 (Mitte) bis 140 Ritardando, von „*a tempo*" an (C-Dur): sehr breit

138 (zweites und drittes Viertel) } Akkorde der rechten Hand nur in

139 (erstes und zweites Viertel) } Achteln spielen und scharf wegreißen

142 Ritardando bis zum Grave

143 unterste Manualstimme gleichzeitig im Pedal spielen; Schlußakkord: D/d°/fis °

HERMANN J. BUSCH

Verzeichnis der Orgelwerke Max Regers

Dieses Verzeichnis soll die wichtigsten historischen Daten zu den einzelnen Werken bieten, dazu weitere Informationen für die Praxis des Organisten.
Die Angaben zu Entstehungszeit, Uraufführung und Widmungsträgern beruhen zum größten Teil auf dem bisher publizierten Forschungsstand und sind deshalb nicht in allen Fällen vollständig.
Unter „Ausgaben" sind zunächst der Verlag der Erstausgabe bzw. spätere Übernahmen in andere Verlage genannt. Es folgen ggf. die Angaben zu den Neuausgaben durch Karl Straube, die mit z. T. sehr stark abweichenden Vortragsbezeichnungen erschienen sind (vgl. dazu Stockmeier 1974, Högner 1974 und Stockmeier 1975), im Falle der drei Stücke aus op. 59 noch zu Regers Lebzeiten und *„im Einverständnis mit dem Komponisten"*.
Innerhalb der Reger-Gesamtausgabe erschienen die Orgelwerke in vier Bänden, revidiert von Hans Klotz. Diese Ausgabe basiert auf *„autographen Entwürfen"*, Autographen, *„Originaldrucken"* und *„Nachfolgedrucken"*. Neuerdings wurde festgestellt, daß diese Ausgabe *„quellenkritischen Ansprüchen in keiner Weise genügt"* (S. Shigihara: *Zur Quellenlage*, in: M. R. op. 46, *Phantasie und Fuge für Orgel über B-A-C-H,* Faksimile des Autographs, Wien 1984).
Im Verlag Peters sind einige Orgelwerke in Neuausgabe erschienen, herausgegeben von Christoph Albrecht. Der Notentext basiert hier auf einem Vergleich zwischen den Originaldrucken und der Gesamtausgabe. *„Allerdings wurde das häufig überladene Notenbild Regers optisch entlastet, soweit dies möglich war, ohne die musikalische Substanz zu berühren.* [. . .] *Verzichtet wurde auf die Wiedergabe der Registrierungsanweisungen Regers. Sie sind erfahrungsgemäß schon auf einer romantischen Orgel nicht zu verwirklichen, geschweige denn auf einem barocken oder modernen Instrument. Lediglich die 32'-Angaben für das Pedal wurden beibehalten."*
1987/88 sind im Verlag Breitkopf & Härtel sämtliche Orgelwerke Regers im durchgesehenen Notentext der Gesamtausgabe erschienen. Gegenüber der GA ist die Gruppierung der Werke verändert, dazu tritt ein neuer Kommentar von Hans Haselböck.
Eine Auswahl von leichten Orgelwerken Regers erscheint in 3 Heften 1988 im Verlag B. Schott's Söhne, herausgegeben von Hermann J. Busch. Heft 2 enthält die Choralvorspiele op. 79b und ohne Opus-Zahl, Heft 3 die Choralvorspiele op. 135a, dabei sind die Stücke, soweit nötig, in die derzeit im Gemeindegesang üblichen Tonarten transponiert.
Die bibliographischen Angaben zu den Neuausgaben sind im Abkürzungsverzeichnis genannt.
Die Verweise auf weiterführende Literatur erheben keinen Anspruch auf Vollständigkeit.
Die Angaben zur ungefähren Spieldauer können mancherlei praktischen Zwecken dienen, oft ist hier durch verschiedenartige Tempoauffassungen ein mehr oder weniger großer Spielraum gegeben. Eine vollständige Diskographie der Regerschen Orgelwerke wäre kaum sinnvoll, hier sind vielmehr Einspielungen genannt, die an vollständig oder weitgehend original erhaltenen Instrumenten der Regerzeit gemacht wurden.

Abkürzungen

A	Ausgaben
BHKM	Blätter für Haus- und Kirchenmusik
E	Entstehungszeit
EB	Max Reger, *Sämtliche Orgelwerke*, nach der Reger-Gesamtausgabe (Hans Klotz) durchgesehen v. Martin Weyer mit einer Einführung v. Hans Haselböck, 7 Bde., Wiesbaden (1987-88), Edition Breitkopf 8491-97.
EP	Max Reger, *Choralfantasien*, Bd. I u. II, hrsg. v. Christoph Albrecht, Leipzig (1978), Edition Peters 9440-9441, ders., *Zwei Sonaten*, hrsg. v. demselben, Leipzig (1983), Edition Peters 9443.
ES	Max Reger, *Leichte Orgelwerke*, 3 Hefte, hrsg. v. Hermann J. Busch, Mainz (1988), Edition Schott 09751/52/53.
GA	Max Reger, *Sämtliche Werke*, Bd. 15–18, Werke für Orgel, Bd. I–IV, hrsg. v. Hans Klotz, Wiesbaden o. J.
L	Literatur
MGK	Monatsschrift für Gottesdienst und kirchliche Kunst
S	Schallplatteneinspielung (s. oben)
SD	Spieldauer
Straube, P+F	Max Reger, *Präludien und Fugen für die Orgel*, hrsg. v. Karl Straube, Leipzig (1919), Edition Peters 3455.
UA	Uraufführung
W	Widmung

Werke mit Opus-Zahl

Drei Orgelstücke op. 7

Nr. 1 *Praeludium und Fuge* C-Dur, Nr. 2 *Te Deum, Nr. 3 Fuge* d-Moll

E: Präludium und Fuge C-Dur wurde Mitte September 1982 beendet (Briefe 1928, 30), die beiden anderen Werke wohl zwischen September 1892 und Mitte 1893.

UA: nicht nachweisbar

W: *„Herrn Samuel de Lange zugeeignet"*
S. de Lange jr. (1840–1911) war 1877–1894 Orgellehrer am Konservatorium in Köln, dann als Nachfolger Immanuel Faißts Professor f. Orgel und Kontrapunkt am Königl. Konservatorium Stuttgart. Er zählte zu den namhaftesten Organisten seiner Zeit in Deutschland und gab u. a. Händels Orgelkonzerte in einer Bearbeitung f. Orgel allein und Muffats *Apparatus musico-organisticus* heraus. Reger hatte ihn bei Riemann kennengelernt (Lindner 1922, 81).

A: Augener 1893, seit 1911 Schott; GA I, 1; EB 3

L: Lindner 1922, 80 f.: Keller 1923, 214ff.; Gatscher 1925, 13 ff.; Barker 1965, 28 ff.

SD: Präludium und Fuge C-Dur 8–9 Min., Te Deum 9 Min., Fuge d-Moll 8–9 Min.

Reger übersendet ein Exemplar des gerade im Druck erschienenen op. 7 am 11. Dezember 1893 an Otto Leßmann, den Herausgeber der Allgemeinen Musikzeitung, mit folgendem Kommentar: *„Erschrecken Sie nur nicht, wenn ich Querkopf in den Stücken gar ehrbar tun will, eine Perücke aufsetze und sogar das kleine Zöpfchen nicht vergesse. Auf Originalität will ich bei diesen Sachen nicht im geringsten Anspruch erheben – wollte nur mal ein paar solide Orgelstücke schreiben.“* (Briefe 1928, 35)

I. Suite e-Moll op. 16
Introduktion und Fuge, Adagio assai, Intermezzo, Passacaglia

E: Am 18. April 1894 berichtet Reger Lindner von der Arbeit am „*Adagio meiner Orgelstücke*“ und notiert als Thema einer sechsstimmigen Fuge die erste Zeile von „*Aus tiefer Not*“, hier noch in g-Moll (Lindner 1922, 86). Am 16. November 1894 schreibt Reger an Arthur Smolian: „*Jetzt arbeite ich an einer Sonate für Orgel. (Introduzione, vierstimmige Tripelfuge e-Moll, Adagio H-Dur über den Choral: ‚Es ist das Heil uns kommen her' und Passacaglia e-Moll)*“ (Briefe 1928, 41). Hier fehlte also noch das Intermezzo. Am 5. März 1895 ist Reger immer noch mit der Komposition beschäftigt: „*. . . auch meine Orgelsuite harrt noch der letzten Feile*“ (Lindner 1922, 86), am Schluß des Autographs heißt es: „*Finis Reger Gott sei Dank 23. July 1895.*“ (GA I, 8)

UA: 4. März 1897 in der Dreifaltigkeitskirche Berlin durch Karl Straube. Reger berichtet Lindner am 10. 4. 1897 über das Presseecho: „*Daß sich die Berliner Presse anläßlich der Aufführung meiner Suite so ganz und gar von ihrer bekannten Seite gezeigt hat, ist ja für mich ganz wurscht. Auf die Urteile dieser Herren kommt im Grunde gar nichts drauf an; ich habe aber Kritiken hier, grund deren man eigentlich gerichtlich vorgehen könnte; denn selbst vor den gemeinsten Schmähungen sind die Herren nicht zurückgeschreckt. Einer schreibt, ich wäre der Sozialdemokrat unter den jetzigen Komponisten, denn was ich wollte, wäre nur der Umsturz aller musikalischen Verhältnisse. ‚Gott behüte uns', so schließt er, ‚daß diese extrem rote Richtung jemals zu Worte kommt'. Wie unendlich komisch und zu gleicher Zeit auch traurig solche unglaublich dummen Ergüsse stimmen müssen, kannst Du Dir denken. Ich, der glühendste Verehrer Johann Sebastian Bachs, Beethovens und Brahms sollte also den Umsturz predigen? Was ich will, ist ja doch nur eine Weiterbildung dieses Stils! Und da kommt dann so ein Kerl und unterschiebt einem solche Motive. Es ist zum Kranklachen! – Übrigens verfehlen gerade diese Herren durch solche Schimpfereien ihr Ziel durchaus. Wäre die Suite als eine Mittelware hingestellt, so hätte kein Hahn danach gekräht, gerade aber deshalb, weil sie sich in ohnmächtiger Wut so krümmen und so geifern, wird das Interesse erst recht wacherhalten. Prost Mahlzeit, ihr hochweisen Herren! Ihr geistigen Schwachköpfe, die ihr nur immer am Äußerlichen hängen könnt, dagegen unfähig seid, die gigantische Kühnheit eines Bachs zu verstehen. Sogar im Namen Bachs haben sie Protest eingelegt gegen die Widmung der Suite! Meine Antwort besteht in einer Orgelkomposition größeren Stils mit der Widmung: Zum zweiten Male den Manen Johann Sebastian Bachs! Mir haben diese Begeiferungen unendlichen Spaß gemacht, und ich bin den Herren wegen ihrer unfreiwilligen Komik noch Dank schuldig*" (Briefe 1928, 56).

W: *„Den Manen Johann Sebastian Bachs"*
Reger schickte ein Exemplar an Johannes Brahms mit der Bitte, ihm seine im Entstehen begriffene Sinfonie h-Moll (die nie vollendet wurde) widmen zu dürfen. Brahms antwortete: *„Eine Erlaubnis aber ist dazu doch nicht nötig! Ich mußte lächeln, da Sie mich darum angehen und zugleich ein Werk beilegen, dessen allzu kühne Widmung mich erschreckt. Da dürfen Sie denn ruhig den Namen hinsetzen Ihres hochachtungsvoll ergebenen J. Brahms.*" (Lindner 1922, 99).

A: Augener 1896, seit 1911 Schott. Der irrtümliche Aufdruck auf dem Titelblatt des Erstdrucks *„Daraus einzeln: Vorspiel ‚Komm süßer Tod'"* hat manche Autoren veranlaßt, im zweiten Satz nach dem Bachschen C.f. zu suchen (Bagier 1923, 119), Wilhelmer (1928, 31) nennt eine andere Melodie. GA I, 33; EB 5

L: Lindner 1922, 98 f.; Keller 1923, 218 ff.: Gatscher 1925, 79 ff.; Huesgen 1935, 65 ff.; Troebliger 1943, 7 ff.; Barker 1965, 34 ff.

SD: Introduktion und Fuge 14–15 Min., Adagio assai 9–10 Min., Intermezzo 11–12 Min., Passacaglia 13 Min.

Phantasie für Orgel über den Choral „Ein' feste Burg ist unser Gott" op. 27

E: Sommer 1898 (Lindner 1922, 145 f.), zunächst als op. 27a bezeichnet (s. op. 30)

UA: 13. September 1898 in der Willibrordikirche in Wesel durch Karl Straube, der das Werk zweimal spielte, zu Beginn und zum Abschluß eines Konzerts (Briefe 1956, 28).

W: *„Seinem lieben Freunde Karl Straube"*

A: Forberg März 1899, seit 1934 Peters, Neuausgabe v. Karl Straube 1938, Ed. Peters 4440 (s. unten); Originalfassung in GA I, 74; EP I; EB 6

L: Lindner 1922, 145 ff.; Keller 1923, 232 ff.; Rahner 1936, 41 ff.; Barker 1965, 43 ff.

SD: 11–15 Min.

S: Christian Albrecht an der Sauer-Orgel der Thomaskirche Leipzig, Eterna 826 389

An seinen Jugendfreund Cäsar Hochstetter schreibt Reger kurz nach dem Abschluß der Komposition am 18. 9. 1898: *„Auf dieses Werk muß ich näher eingehen. Es ist also unter Beibehaltung der Choralmelodie als c.f. jeder Vers musikalisch illustriert; was den Stil anbetrifft, so gibt Ihnen die Passacaglia aus meinem op. 16 Aufschluß, nur daß op. 27a noch viel gedrungener und viel flüssiger ist.* [. . .] *Der letzte Vers ist als eine freie Fuge über das Anfangsmotiv des Chorals musikalisch illustriert, dabei geht in den Zwischenspielen der Fuge der Choral ruhig seinen Weg weiter; ich habe das Werk selbst vor 8 Tagen gespielt und* *die Wirkung ist, ohne mir zu schmeicheln, grandios – es ist das Beste, was ich bisher geschrieben. Straube spielte sie letzten Dienstag in einem Concert zweimal (als erste und dann letzte Nummer)"* (Briefe 1956, 27 f.) An Straube schreibt Reger am 7. 5. 1901: *„Eine Bitte wegen op. 27 bitte mir nicht übelzunehmen: Bitte Vers 2 (‚Mit unsrer Macht') nicht langsam! (Dieser Vers ist der ‚Schwächste' drin!)"* (Straube-Briefe 1986, 20).

Straube schreibt am 12. 5. 1944 an Hans Klotz: *„Die Fantasie über ‚Ein feste Burg ist unser Gott' von Max Reger hat nichts mit dem Türkenkrieg zu tun. Er schrieb das Ganze als eine Anbetung Gottes. Der entscheidende Punkt zum Verständnis des Ganzen ist allerdings auf der letzten Seite zu finden, dort, wo das Pianissimo eintritt und hinabsinkt zum F-Dur-Akkord im ppp. Diese Takte geben symbolisch wieder: Das Zusammensinken des ganzen Weltalls vor der Allmacht und Größe Gottes. (Max Regers eigene Worte, ausgesprochen nach der Aufführung des Werkes im Münster zu Basel bei der schweizerisch-deutschen Tonkünstlerversammlung 1903)"* (Straube-Briefe 1952, 220).

Die Neuausgabe Straubes von 1938 will durch ihre Registrierungs- und Vortragsbezeichnungen *„einen Nachweis dafür erbringen, wie Regers Schaffen für die Orgel darstellbar sein kann auf einem Instrument, das der Überlieferung aus der klassischen Zeit des Orgelbaus angehört, das aber keinerlei Eignung besitzt für ein Nachbilden von Klängen, entnommen dem Orchester der musikalischen Romantik und beeinflußt durch die Fülle der Möglichkeiten, die diesem Klangkörper innewohnen"* (Vorwort). Die Registrierungen Straubes beziehen sich auf die Orgel des Landeskonservatoriums in Leipzig, die 1927 durch Umbau und Erweiterung eines 1909 von der Fa. W. Sauer mit III/53 erbauten Werkes entstanden war. Das von Straube disponierte Instrument hatte 74 Register auf drei Manualen, zahlreiche Spielhilfen (darunter 6 freie Kombinationen und Walze), Kegelladen mit pneumatischer Traktur (Der Kirchenchor 33, 1922, 85 f.; G. Ramin, *Die neue Orgel des Landeskonservatoriums zu Leipzig*, in: *Dritte Tagung für deutsche Orgelkunst in Freiberg in Sachsen v. 2.–7. Oktober 1927, Einführungsheft*, hrsg. v. E. Flade, Kassel 1927, 53 ff.).

Phantasie und Fuge c-Moll op. 29

E: Herbst 1898. *„Fine. Max Reger, Weiden Oberpfalz, 25. Oktober 1898"* (Straube-Briefe 1986, 11)

UA: Herbst 1898 in der Willibrordikirche Wesel durch Karl Straube

W: *„Herrn Richard Strauß verehrungsvollst zugeeignet"*
Reger schreibt am 23. 1. 1899 an Ernst Guder: *„Über Richard Strauß bitte ich Dich, nicht zu spotten! R. Strauß ist ein hochgenialer Künstler, seit Brahms Tode der erste lebende Komponist! Übrigens hat Strauß mir Aibl und Forberg verschafft. Er muß mich Aibl riesig empfohlen haben, sonst hätte Aibl nicht so viel genommen* [. . .]. *Ich habe ihm als Zeichen meiner Dankbarkeit mein op. 29 – eine große Fantasie und Fuge für Orgel – gewidmet"* (Briefe 1973, 66).

A: Forberg 1898, seit 1934 Peters; GA I, 88; EB 1

L: Lindner 1922, 151 ff.; Keller 1923, 255 f.; Bagier 1923, 124 f.; Gatscher 1925, 97 ff.; Barker 1965, 85 ff.

SD: 12-14 Min.

Phantasie für Orgel über den Choral „Freu dich sehr, o meine Seele!“ op. 30

E: Komponiert im Sommer 1898 in Weiden, unmittelbar im Anschluß an op. 27 (Straube-Briefe 1986, 12); das Autograph der Fassung für Klavier zu vier Händen ist am 30. April 1899 datiert (GA I, VIII). Zunächst war die Op.-Zahl 27b vorgesehen.

UA: 13. September 1898 in der Willibrordikirche Wesel durch Karl Straube (Reger-Konzerte 2, 257)

W: *„Seinem lieben Freunde Karl Straube“*

A: Aibl 1899, seit 1904 UE; GA I, 102; EP I; EB 6

L: Keller 1923, 30 ff.; Rahner 1936, 42 ff.; Barker 1965, 50 ff.; Weyer 1975

SD: 19–21 Min.

S: Wolfgang Dallmann an der Steinmeyer-Orgel (1911) der Christuskirche Mannheim, Pelca PSR 41026

1. Sonate fis-Moll op. 33

I. Phantasie, II. Intermezzo, III. Passacaglia

E: Anfang 1899, Am Schluß des Autographs heißt es: *„Fine Max Reger Weiden, 3. März 1899“.*

UA: 14. Juni 1899 in der Kreuzkirche Essen durch Karl Straube während des 1. Rheinisch-Westfälischen Organistentages (Urania 57, 1900, S. 49)

W: *„Herrn Prof. A. W. Gottschalg, großherz.-sächs. Hoforganisten in verehrungsvoller Dankbarkeit gewidmet“*
Gottschalg (1827–1908) war seit 1865 Redakteur der Orgelzeitschrift „Urania“, in der er seit 1899 Regers Orgelwerke sehr positiv besprach.

A: Aibl 1899, seit 1904 Universal-Edition; GA I, 119; EB 5; EP 9443

L: Lindner 1922, 164 ff.; Keller 1923, 264 ff.; Barker 1965, Weyer 1969, 151 ff.

SD: 20–23 Min.

Über Regers Auseinandersetzung mit dem Problem der Orgelsonate Anfang 1899 berichtet Lindner: *„Auf unseren täglichen Spaziergängen hatten wir in jenen Tagen uns oft über das Problem der Orgelsonate unterhalten. Wir waren beide mit Dr. Heinrich Reimann (siehe dessen damals aktuellen Artikel in der ‚Allgemeinen Musikzeitung' 21. Jahrgang, Nr. 40 und 41) der Ansicht, daß die Übertragung der alten Klavierkammersonatenform auf die Orgel mit dem lyrisch-amorosen Seitenthema des ersten Satzes und dem liederartigen, wiederum nur subjektives Empfinden ausdrückenden Adagio oder Largo und dem Rondo des Finale unmöglich sei, daß hier vielmehr wohl stets nur mit den rein orgelgemäßen Formen der freien Phantasie, der Variation, Fuge, Passacaglia und mit Verwendung des geistlichen Liedes und des Chorals auszukommen sei. Wir waren einer Ansicht auch in dem Punkte, daß die Handhabung der Orgelsonatenform, wie sie beispielsweise Rheinberger und Wolfrum* *betätigten, die zweckentsprechendste sei, doch müsse der Stil selbst möglichst auf Bachsche Grundlage gestellt werden und dürfe nicht etwa durch irgendwelches Zugeständnis an die hypermoderne Weichlichkeit und Sentimentalität verflachen. Diese Zweispältigkeit, dieser weltlich sentimentale Augenaufschlag und dieses frömmelnde Hinüberneigen ins geistliche Gebiet war ja schon so vielen in dieser problematischen Orgelsonatenform geschriebenen Werken verderblich geworden. Auch Rheinberger selbst, von vielen seiner für Orgel komponierenden Kollegen nicht zu reden, ist dieser bösen Klippe nicht immer entgangen"* (Lindner 1922, 164).

Am 8. April 1899 schreibt Reger dem Berliner Organisten Arthur Egidi: *„Eine neue Sonate (Fis-Moll) für Orgel ist fertig. Erschrecken Sie nicht über den Titel ‚Sonate'; es ist keine Sonatenform. Der Titel ist hier nur Kollektivtitel"* (Briefe 1928, 62).

Zwei Phantasien für Orgel über die Choräle „Wie schön leucht't uns der Morgenstern" und „Straf' mich nicht in deinem Zorn" op. 40

E: Nr. 1 September 1899 in Erbendorf, Autograph datiert am 2. Oktober 1899 in Weiden
Nr. 2 Autograph datiert am 29. November 1899 in Weiden

UA: Nr. 1 24. Oktober 1899 in der Willibrordikirche Wesel durch Karl Straube (Urania 57, 1900, 15)
Nr. 2 24. Mai 1900 in Brünn durch Otto Burkert

W: Nr. 1 *„Seiner Hochwürden Herrn Prof. Dr. Friedrich Spitta hochachtungsvollst zugeeignet"*
Nr. 2 *„Herrn Paul Gerhardt hochachtungsvollst zugeeignet"*
Friedrich Spitta (1852–1924), der Sohn des Bach-Biographen Philipp Sp., war seit 1887 Professor für Theologie, Liturgik und Kirchenmusik an der Universität Straßburg und gründete 1896 zusammen mit Julius Smend die Monatsschrift für Gottesdienst und Kirchliche Kunst, in deren Notenbeilagen zwischen 1900 und 1905 zehn Choralvorspiele Regers erschienen.
Paul Gerhardt (1867–1946) war von 1898 bis 1933 Organist an der Marienkirche in Zwickau und spielte dort ab 1900 zahlreiche Orgelwerke Regers.

A: Aibl 1900, seit 1904 Bote & Bock und Universal-Edition; GA I, 143 ff., EP I; EB 6

L: Keller 1923, 240 ff.; Gatscher 1925, 110 f.; Rahner 1936, 44 f.; Barker 1965, 53 ff.; Dürr 1978.

SD: Nr. 1 18–21 Min.; Nr. 2 14–16 Min.

S: Günther Ramin an der Sauer-Orgel der Thomaskirche Leipzig, Eterna 820 294; Christoph Albrecht an der Sauer-Orgel der Thomaskirche Leipzig, Eterna 826 389

Zur Entstehungsgeschichte von op. 40/1 berichtet Straube in einem Brief an Hans Klotz vom 28. April 1944:

„Heinrich Reimann wurde als Organist der Kaiser-Wilhelm-Gedächtniskirche hin und wieder von dem musikalisch interessierten erblindeten Großherzog von Mecklenburg-Strelitz eingeladen, ihm Orgelwerke auf der von Grünberg-Stettin erbauten, damals neuen großen Orgel in der Kirche von Strelitz vorzuspielen. Bei einer solchen Einladung erbat der Großherzog in seiner Einladung sich eine Improvisation über den obengenannten Choral. Mein Lehrer Reimann, der ein ungewöhnlich begabter Musiker gewesen ist, hat auf der Hinreise die Improvisation in ihren Grundzügen flüchtig entworfen, gegliedert in Einleitung, Variationen und Fuge. Diesen Entwurf brachte er nach Berlin und zeigte ihn mir, dann hat er das Ganze gewissenhaft durchgearbeitet, druckfertig gemacht und endlich bei N. Simrock-Berlin veröffentlicht. Ein Exemplar der Komposition sandte er an Max Reger in Wiesbaden, der das Werk genau kannte, wie ich von ihm selber erfuhr. Seine Fantasie über denselben Choral war als Antwort gedacht, weil er irritiert war über Reimanns ablehnende Stellung zu seinen Orgelwerken.“ (Straube-Briefe 1952, 234 f.)

Phantasie und Fuge für Orgel über B-A-C-H op. 46

E: Reger schreibt am 26. 1. 1900 an A. W. Gottschalg: *„Vor allem gedenke ich eine Fantasie und Fuge über BACH zu schreiben für Orgel! Das muß ein Werk größten Stils werden und ich werde mir alle Mühe geben.“* (Briefe 1928, 68). Am 17. 2. an denselben: *„Die Fantasie und Fuge über BACH schreitet rüstig vorwärts, in 10 Tagen kann ich Ihnen das Manuskript zur Ansicht senden; bitte jedoch jetzt schon, dasselbe mir recht bald zurückzusenden, da es bald in Stich kommen soll. Ich fürchte, da werden manche Herren die Köpfe schütteln, wenn diese Fantasie und Fuge erscheint.“* (Briefe 1928, 69). Das für den Verlag bestimmte Manuskript trägt den Vermerk *„begonnen 10. Febr., vollendet 17. Febr. 1900“* (Straube-Briefe 1986, 13).

UA: Sommer 1900 in der Willibrordikirche Wesel durch Karl Straube

W: *„Herrn Geheimrat Prof. Dr. von Rheinberger in besonderer Verehrung zugeeignet.“* Reger am 7. 1. 1900 an Rheinberger: *„Gestatte mir ergebenst, Ihnen mit diesem Brief meine soeben erschienene 1. Orgelsonate (fis-Moll, op. 33) zu senden und Sie um gütige Durchsicht dieses meines neuesten Verbrechens gegen Harmonie und Kontrapunkt etc. etc. zu bitten.*
Gleichzeitig erlaube ich mir auch, Ihnen, hochverehrter Herr Geheimrat, meine aufrichtigste Bewunderung für Ihre so grandiosen Orgelsonaten und andere Orgelwerke zum Ausdruck zu bringen mit der Versicherung, dass sich diese meine Bewunderung selbstverständlich auch auf Ihre anderen Werke bezieht, mit welchen Werken Sie die musikalische Welt in so selten reichem Maße beschenkt haben. Um nun diser Bewunderung auch einen sichtbaren Ausdruck zu verleihen, möchte ich Ihnen, hochgeehrter Herr Geheimrat, gern eines meiner neuen Orgelwerke dedicieren und gestatte mir, hiermit die ergebenste Anfrage, ob Sie die große Güte hätten, die Dedikation eines neuen Orgelwerkes von mir entgegenzunehmen. Das Werk würde ungefähr die Opuszahl 48 oder 49 bekommen; zwei andere Orgelwerke, op. 40a und b, sind soeben im Stich erschienen bei Jos. Aibl Verlag in München“ (Weyer 1966, 56). Die Antwortbriefe Rheinbergers sind – wie die Mehrzahl der an Reger gerichteten Briefe – nicht erhalten.

Reger am 12. 1. 1900 an Rheinberger: *„Es freut mich sehr, daß Sie die Dedikation eines grösseren Orgelwerkes von mir annehmen."* (Weyer 1966, 57). Am 30. 9. 1900 schickt Reger Rheinberger das soeben erschienene Druckexemplar. Rheinbergers Reaktion ist indirekt über Karl Straube überliefert: *„Vielmehr sei auf den Brief verwiesen, den der alternde Meister im Jahre 1900 nach der ergangenen Widmung an Reger schrieb (nach Professor K. Straube), der eine sehr anerkennende, lobende (Vergleich mit Robert Schumanns ‚Sechs Fugen über BACH') Zustimmung zur Fuge des 46. Werkes und eine zurückhaltende, vorsichtig formulierte Bemerkung zur Phantasie enthielt."* (Weyer 1966, 58).

Nach Lindner (205) soll die Widmung auf einen Wunsch von Regers Mutter zurückgehen.

A: Aibl 1900, seit 1904 Universal-Edition; GA I, 188 ff.; EB 1; Faksimile des Autographs, Wien 1984 (Universal-Edition Nr. 17843)

L: Keller 1923, 256 ff.; Bagier 1923, 129 f.; Gatscher 1925, 101 ff.; Lindner 1928, 202 ff.; Barker 1965, 88 ff.

SD: 19–21 Min.

S: Hannes Kästner an der Sauer-Orgel der Thomaskirche Leipzig, Eterna 825 402; Ivan Sokol an der Petr-Orgel der Kirche St. Cyrillus u. Methodius, Prag, Eurodisc 86 310 KK.

Sechs Trios für Orgel op. 47

Nr. 1 *Canon* E-Dur, Nr. 2 *Gigue* d-Moll, Nr. 3 *Canzonetta* a-Moll, Nr. 4 *Scherzo* A-Dur, Nr. 5 *Siciliano* e-Moll, Nr. 6 *Fuge* c-Moll

E: Autograph datiert 5. Februar 1900 Weiden

UA: nicht nachweisbar

W: *„Herrn G. G. Bagster hochachtungsvollst zugeeignet"*
Bagster war Lektor für Englisch an der Universität Wien und hatte im „Musical Standard" vom 30. 12. 1899 günstige Besprechungen einiger Werke Regers veröffentlicht (Briefe 1928, 67 f.). Auf seine Anregung hin wurde beim Kongreß der Internationalen Musikgesellschaft in Wien 1909 die Sektion für Orgelbaufragen eingerichtet, die das „Wiener Regulativ" erarbeitete (Billeter 1981, 170).

A: Aibl 1900, seit 1904 Universal-Edition; GA I, 213 ff.; EB 5

L: Gatscher 1925, 139 ff.; Barker 1965, 144 ff.

SD: Nr. 1 2½ Min.; Nr. 2 2½ Min.; Nr. 3 4 Min.; Nr. 4 4 Min.; Nr. 5 2½ Min.; Nr. 6 3 Min.

Anfang 1900 beschäftigte sich Reger offenbar intensiver mit Problemen der Orgeltechnik. Am 17. Februar 1900 schreibt er an Gottschalg: *„Op. 47 sind sechs Trios für Orgel (leicht).*

In absehbarer Zeit gedenke ich einige Hefte Pedaletüden herauszugeben (alle in Trioform!); in Trioform sind die Sachen am allernützlichsten! Es wird aber noch ein Jahr vergehen, bis ich diese Idee ausführen kann" (Briefe 1928, 69). Am 6. Oktober 1900 schreibt er an Karl Wolfrum: *„Die Trios habe ich hauptsächlich als Unterrichtsmaterial gedacht. Ich wäre Ihnen sehr verbunden, wenn Sie die Freundlichkeit hätten, diese Trios op. 47 im königlichen Lehrerseminar in den oberen Kursen beim Orgelunterricht zu verwenden"* (Briefe 1928, 82).

Drei Phantasien für Orgel über die Choräle „Alle Menschen müssen sterben" (Nr. 1), „Wachet auf, ruft uns die Stimme" (Nr. 2), „Halleluja, Gott zu loben bleibe meine Seelenfreud" (Nr. 3) op. 52

E: September 1900. Das Autograph von Nr. 2 ist am 15. September 1900 datiert, nach Lindner sind alle drei Stücke innerhalb von zehn Tagen entstanden (Lindner 1922, 206 f.). An den Verleger schickt Reger die drei Stücke allerdings erst am 22. Oktober (Briefe 1956, 47).

UA: Nr. 1 Sommer 1901 in der Willibrordikirche Wesel durch Karl Straube

Nr. 2 12. Mai 1901 in der Garnisonkirche Berlin durch Karl Straube
Nr. 3 9. November 1901 im Kaimsaal München durch Karl Straube (Reger-Konzerte 2, 262)

W: Nr. 1 *„Sr. Hochwürden Herrn Professor Dr. Julius Smend hochachtungsvollst zugeeignet"*
J. Smend (1857–1930) war seit 1893 Professor für praktische Theologie an der Universität Straßburg und gründete 1896 zusammen mit Friedrich Spitta die Monatsschrift für Gottesdienst und Kirchliche Kunst (vgl. op. 40 Nr. 1)
Nr. 2 *„Meinem Freunde Karl Straube in herzlichster Dankbarkeit"*
Nr. 3 *„Herrn Friedrich L. Schnackenberg hochachtungsvollst zugeeignet"*
F. L. Schnackenberg (Lebensdaten unbekannt) war Seminaroberlehrer in Plauen und Mitarbeiter der Neuen Zeitschrift für Musik, in der er am 23. 1. 1901 einen Beitrag *Neue Orgelwerke und einiges andere von Max Reger* veröffentlichte. Reger hat sich wohl dafür mit seiner Widmung bedankt.

A: 1901 Aibl, seit 1904 Universal-Edition; GA I, 233 ff.; EP II; EB 6

L: Lindner 1922, 206 ff.; Keller 1923, 246 ff.; Bagier 1923, 132 ff.; Gatscher 1925, 110 ff.; Rahner 1936, 46 ff.; Barker 1965, 58 ff.; Marki 1975.

SD: Nr. 1 16–17 Min. Nr. 2 17–19 Min. Nr. 3 15–17 Min.

S: Nr. 2: Christoph Albrecht an der Sauer-Orgel der Thomaskirche Leipzig, Eterna 826 389

Karl Straube schreibt am 28. Juni 1944 an Hans Klotz über Regers eigene Deutung von op. 52/2: *„Die Einleitung zu ‚Wachet auf' bezeichnete Reger als den ‚Kirchhof' und die Choral-*

melodie ist die Stimme eines Engels, die Toten werden allmählich erweckt; Dis-E-Dis im Pedal deutet symbolisch, wie sie sich in den Gräbern rühren. So hat mir mein Freund sein künstlerisches Wollen gedeutet. Die Worte ‚und feiern mit das Abendmahl' hat Max Reger beim Schaffen des Werkes in der Tiefe seiner Persönlichkeit erfaßt. Als Katholik war ihm die ‚Communio' das größte Mysterium, und von diesem Fühlen aus gab er der Stelle jene keusche Innigkeit, um damit die völlige Auflösung des Individuums in der Gemeinschaft mit Christus in mystischen Klängen zu verklären. Das sind die Gedanken, die Max Reger mir über den Sinn dieser Variation mit ihrem Ausklang bis zur Fuge geäußert hat" (Straube-Briefe 1952, 218 f.).

Zu Straubes Vortragsbezeichnungen in op. 52/2 siehe S. 58.

Fünf leicht ausführbare Präludien und Fugen op. 56

Nr. 1 E-Dur, Nr. 2 d-Moll, Nr. 3 G-Dur, Nr. 4 C-Dur, Nr. 5 h-Moll

E: Am 7. Juni 1903 schreibt Reger an Walter Fischer: „*Im voraus verrate ich Ihnen, daß ich balde 5 Präludien und Fugen für die Orgel neu komponieren werde*" (Briefe 1956, 128). Am 28. Februar 1904 heißt es dagegen an den gleichen: „*Das neue Orgelwerk (aber schon vor drei Jahren geschrieben) heißt: op. 56, Fünf leicht ausführbare Präludien und Fugen für Orgel. Ich glaube, daß die Dinger gut sind*" (Stein WV, 607). Danach wären die Stücke 1901 entstanden, womit auch die Opus-Zahl übereinstimmt. Dagegen wieder Lindner: „*Chronologisch betrachtet möchte anzunehmen sein, daß auch dieses Werk Weiden zur Geburtsstätte habe. Ich kann mich aber nicht entsinnen, während Regers Aufenthalt in Weiden je eine Note davon gesehen zu haben. Das Werk ist jedenfalls erst in München entstanden, was wohl auch die Widmung bekundet: ‚Richard Braungart zu eigen', denn mit diesem Schriftsteller wurde Reger meines Wissens erst in München näher bekannt*" (Lindner, 208). Danach 1904 als Entstehungsdatum auch in Stein WV, 85 und GA II, IX. Am 1. 4. 1904 schreibt Reger an Straube: „*Opus 56 ist als Brücke zu verstehen, die so manchem Organisten wohl den Weg zum wirklichen Reger erleichtern wird*" (Straube-Briefe 1986, 54).

UA: nicht nachweisbar

W: „*Richard Braungart zu eigen*"
R. Braungart (1872–1963) lebte seit 1902 als Schriftsteller in München, Reger vertonte neun seiner Gedichte als Klavierlieder. Er veröffentlichte: *Freund Reger*, Regensburg 1949.

A: 1904 Aibl, im gleichen Jahr Universal-Edition; GA II, 1 ff.; EB 2;

L: Gatscher 1925, 141 ff.

SD:	Nr. 1	10 Min.	Nr. 2	6 Min.
	Nr. 3	10 Min.	Reger: Fuge	5½–6½ Min.
	Nr. 4	5 Min.	Nr. 5	8½ Min.

S: Fuge G-Dur: Max Reger an der Welte-Orgel, Columbia C 80 666 bzw. EMI 16053-28925, dasselbe: Max Reger an der Welte-Philharmonie-Orgel, Intercord INT 160.857

Symphonische Phantasie und Fuge d-Moll op. 57

E: Ende April/Anfang Mai 1901 (Straube-Briefe 1986, 19)

UA: 20. Februar 1902 in der Garnisonkirche Berlin durch Karl Straube

W: *„Herrn Gustav Beckmann zugeeignet"*
G. Beckmann (1865–1939) war Organist an der Kreuzkirche in Essen, später Musiklehrer und Dirigent des Bachvereins Bochum, seit 1894 Vorsitzender des Vereins evang. Kirchenmusiker für Rheinland und Westfalen und veröffentlichte ab 1900 Zeitungs- und Zeitschriftenartikel über Regers Werke.

A: 1901 Aibl, seit 1904 Universal-Edition; GA II, 50 ff.; EB 1;

L: Lindner 1922, 209 ff.; Keller 1923, 259 f.; Bagier 1923, 137 ff.; Gatscher 1928, 155 ff.; Barker 1965, 96ff.; Haupt 1979

SD: 20–23 Min.

Reger schreibt am 18. August 1904 an Beckmann: *„Opus 57 ist angeregt durch Dantes ‚Inferno'! Das dürfte Ihnen wohl alles Wissenswerte sagen; Opus 57 ist wohl das schwierigste meiner bisherigen Orgelwerke. Mehr kann ich Ihnen darüber nicht sagen, da es mir widerstrebt, ‚Programme' zu meinen Sachen zu liefern"* (MMRG 4, 1924, 34). Die gegenteiligen Aussagen Lindners und Kellers sind damit widerlegt.

Zwölf Stücke op. 59

Nr. 1 *Präludium* e-Moll, Nr. 2 *Pastorale* F-Dur, Nr. 3 *Intermezzo* a-Moll, Nr. 4 *Canon* E-Dur, Nr. 5 *Toccata* d-Moll, Nr. 6 *Fuge* D-Dur, Nr. 7 *Kyrie eleison* e-Moll, Nr. 8 *Gloria in excelsis* D-Dur, Nr. 9 *Benedictus* Des-Dur, Nr. 10 *Capriccio* fis-Moll, Nr. 11 *Melodia* B-Dur, Nr. 12 *Te Deum* a-Moll

E: 17. Juni bis 1. Juli 1901, an jedem Tag mit Ausnahme der Sonntage ein Stück (Lindner 1922, 226).

UA: Nr. 2: 31. Oktober 1901 in der Marienkirche Zwickau durch Paul Gerhardt (Reger-Konzerte 2, 262), Nr. 7 u. 9: 9. November 1901 im Kaimsaal München durch Karl Straube (Reger-Konzerte 2, 262). Für die übrigen Stücke nicht nachweisbar.

W: keine

A: 1901 Peters; Nr. 7, 8, 9 auch in: *12 Stücke f. d. Orgel op. 59. Hieraus: Kyrie eleison, Gloria in excelsis und Benedictus, im Einverständnis mit dem Komponisten hrsg. v. Karl Straube,* Ed. Peters 3286; Nr. 5 u. 6 auch in Straube, P + F; GA II, 85 ff.; EB 3

L: Lindner 1922, 213 ff., Keller 1923, 270 f., Gatscher 1925, 183 f.

SD: Nr. 1 5 Min.; Nr. 2 3½ Min.; Nr. 3 3 Min.; Nr. 4 2½ Min.; Nr. 5 u. 6 6½–11 Min.; Nr. 7 4½–6½ Min.; Nr. 8 4–5 Min.; Nr. 9 4½–6½ Min. Reger: 5 Min.; Nr. 10 3½ Min..; Nr. 11 Reger 6 Min.; Nr. 12 4 Min.

S: Nr. 9 u. 11: Max Reger an der Welte-Orgel, Columbia C 80 666 bzw. EMI 16053-28925
Nr. 5 u. 6: Hannes Kästner an der Sauer-Orgel der Thomaskirche Leipzig, Eterna 8 26 388; Nr. 9: Ivan Sokol an der Petr-Orgel (1898) der Kirche St. Cyrillus u. Methodius Prag, Eurodisc 86 310 KK.

Zweite Sonate d-Moll op. 60

I. *Improvisation* II. *Invocation* III. *Introduction und Fuge*

E: November/Dezember 1901. Am 17. Dezember schreibt Reger an Martin Krause: *„Die Sonate ist fix und fertig! Hurra"* (Briefe 1928, 93)

UA: 11. Mai 1902 im Dom zu Merseburg durch Hermann Dettmer

W: *„Herrn Professor Martin Krause in Dankbarkeit"*
M. Krause (1853–1918) war Pianist, Organist und Musikkritiker in Leipzig, Dresden und München, 1901–1904 als Nachfolger Rheinbergers Orgellehrer an der Münchener Musikakademie, ab 1904 Direktor des Sternschen Konservatoriums in Berlin. In München gehörte er zu den Reger gegenüber positiv eingestellten Musikkritikern.

A: 1902 Leuckart, gleichzeitig auch der 2. Satz in einer Bearbeitung des Komponisten f. Harmonium; GA II, 140; EB 5; EP 9443

L: Keller 1923, 266 ff.; Bagier 1923, 142 f.; Gatscher 1925, 184 f.; Barker 1965, 112 ff.; Weyer 1969, 151 ff.

S: Hannes Kästner an der Sauer-Orgel der Thomaskirche Leipzig, Eterna 825 402

SD: 21–23 Min.

Monologe. Zwölf Stücke op. 63

Nr. 1 *Präludium* c-Moll, Nr. 2 *Fuge* C-Dur, Nr. 3 *Kanzone* g-Moll, Nr. 4 *Capriccio* a-Moll, Nr. 5 *Introduktion* f-Moll, Nr. 6 *Passacaglia* f-Moll, Nr. 7 *Ave Maria* A-Dur, Nr. 8 *Fantasie* C-Dur, Nr. 9 *Tokkata* e-Moll, Nr. 10 *Fuge* e-Moll, Nr. 11 *Kanon* D-Dur, Nr. 12 *Scherzo* d-Moll

E: 1901/02 München

UA: nicht nachweisbar

W: Heft I (Nr. 1–4) *„Herrn Dr. Hermann Dettmer zugeeignet"*, Heft II (Nr. 5–8) *„Herrn Robert Frenzel zugeeignet"*, Heft III (Nr. 9–12) *„Herrn Richard Jung zugeeignet"*.
Hermann Dettmer (1867–1934) war Organist in Hildesheim, Quakenbrück und Hannover, spielte bald nach 1900 viel Regersche Orgelmusik, so am 11. Mai 1902 im Dom zu Merseburg u. a. op. 40 Nr. 1, op. 52 Nr. 2 und die Uraufführung der II. Sonate d-Moll op. 60, schließlich 1916 die Uraufführung von op. 135 b.
Robert Frenzel (1856–1928), Organist an der St.-Wolfgang-Kirche in Schneeberg/Sachsen, brachte dort bald nach 1900 Regersche Orgel- und Chorwerke zur Aufführung, von ihm erschien in der Urania (59, 1902, S. 19 f.) ein Aufsatz *Max Reger als Orgelkomponist.*

Richard Jung (1861–1932) war Organist an der Schloßkirche in Greiz und gehörte mit Paul Gerhardt und Hermann Gruner zu den frühen Reger-Organisten. Die drei gaben gemeinsam am 31. Oktober 1901 in der Marienkirche Zwickau ein Orgelkonzert, in dem ausschließlich Orgelwerke Regers auf dem Programm standen (Reger-Konzerte 2, 262).

A: 1902 Leuckart, seit 1908 auch Universal-Edition; GA II, 173 ff.; EB 2

L: Gatscher 1925, 185 ff.

SD: Nr. 1 6–7 Min.; Nr. 2 6–7 Min.; Nr. 3 5–6½ Min.; Nr. 4 5 Min.; Nr. 5+6 12–14 Min.; Nr. 7 5–6 Min.; Nr. 8 5 Min.; Nr. 9 5½ Min.; Nr. 10 8½ Min.; Nr. 11 5 Min.; Nr. 12 5 Min.;

S: Nr. 5+6: Hannes Kästner an der Sauer-Orgel der Thomaskirche Leipzig, Eterna 8 26 388.

Die Bezeichnung „Monologe“ hat Reger wohl von J. Rheinberger übernommen, der unter diesem Titel 1890 als op. 162 ebenfalls Orgelstücke erscheinen ließ.

Zwölf Stücke op. 65

Nr. 1 *Rhapsodie* cis-Moll, Nr. 2 *Capriccio* G-Dur, Nr. 3 *Pastorale* A-Dur, Nr. 4 *Consolation* E-Dur, Nr. 5 *Improvisation* a-Moll, Nr. 6 *Fuge* a-Moll, Nr. 7 *Präludium* d-Moll, Nr. 8 *Fuge* D-Dur, Nr. 9 *Canzone* Es-Dur, Nr. 10 *Scherzo* d-Moll, Nr. 11 *Toccata* e-Moll, Nr. 12 *Fuge* E-Dur.

E: Frühjahr 1902, beendet 20. Mai 1902

UA: nicht nachweisbar

A: Sommer 1902 Peters; Nr. 5, 8, 11, 12 auch in Straube, P + F; GA II, 260 ff.; EB 3;

W: Heft I (Nr. 1–6) *„Herrn Paul Homeyer zugeeignet“*, Heft II (Nr. 7–12) *„Herrn Prof. Jos. Vockner zugeeignet“*
P. Homeyer (1853–1906) war Gewandhausorganist und Orgel- und Theorielehrer am Konservatorium Leipzig. J. Vockner (1842–1906) war Schüler Bruckners und seit 1880 dessen Nachfolger als Professor für Orgelspiel am Konservatorium der Gesellschaft für Musikfreunde in Wien.

L: Bagier 1923, 147 f.; Gatscher 1925, 187 ff.; zu Nr. 9, Canzone: Matthaei 1949, 255 f.

SD: Nr. 1 7 Min.; Nr. 2 5 Min.; Nr. 3 4½ Min., Nr. 4 5½ Min.; Nr. 5 4–5 Min.; Nr. 6 5–6 Min.; Nr. 7 5½ Min.; Nr. 8 5 Min.; Nr. 9 Reger 6¼–7½ Min.; Nr. 10 3 Min.; Nr. 11 4½ Min.; Nr. 12 7 Min.;

S: Nr. 9: Max Reger an der Welte-Orgel, Columbia C 80 666 bzw. EMI 16053-28925; dasselbe: Max Reger an der Welte-Philharmonie-Orgel, Intercord INT 160.857

Zweiundfünfzig leicht ausführbare Vorspiele zu den gebräuchlichsten evangelischen Chorälen op. 67

1. Heft
Nr. 1 „*Allein Gott in der Höh' sei Ehr'*" G-Dur
Nr. 2 „*Alles ist an Gottes Segen*" G-Dur
Nr. 3 „*Aus tiefer Not schrei' ich zu dir*" e-Moll
Nr. 4 „*Aus meines Herzens Grunde*" G-Dur
Nr. 5 „*Christus, der ist mein Leben*" *(„Ach, bleib mit Deiner Gnade")* Es-Dur
Nr. 6 „*Ein' feste Burg ist unser Gott*" D-Dur
Nr. 7 „*Dir, dir, Jehova, will ich singen*" C-Dur
Nr. 8 „*Erschienen ist der herrlich' Tag*" e-Moll
Nr. 9 „*Herr Jesu Christ, dich zu uns wend'*" G-Dur
Nr. 10 „*Es ist das Heil uns kommen her*" *(„Sei Lob und Ehr' dem höchsten Gut")* Es-Dur
Nr. 11 „*Freu dich sehr, o meine Seele*" G-Dur
Nr. 12 „*Gott des Himmels und der Erden*" A-Dur
Nr. 13 „*Herr, wie du willst, so schick's mit mir*" A-Dur
Nr. 14 „*Herzlich tut mich verlangen*" *(„O Haupt voll Blut und Wunden")* e-phrygisch
Nr. 15 „*Jauchz', Erd' und Himmel, juble*" D-Dur

2. Heft
Nr. 16 „*Ich dank' dir, lieber Herre*" A-Dur
Nr. 17 „*Ich will dich lieben, meine Stärke*" Es-Dur
Nr. 18 „*Jerusalem, du hochgebaute Stadt*" D-Dur
Nr. 19 „*Jesu Leiden, Pein und Tod*" F-Dur
Nr. 20 „*Jesus, meine Zuversicht*" C-Dur
Nr. 21 „*Jesu, meine Freude*" d-Moll
Nr. 22 „*Komm, o komm, du Geist des Lebens*" G-Dur
Nr. 23 „*Lobt Gott, ihr Christen alle gleich*" F-Dur
Nr. 24 „*Lobe den Herren, den mächtigen König*" G-Dur
Nr. 25 „*Mach's mit mir, Gott, nach deiner Güt'*" Es-Dur
Nr. 26 „*Meinem Jesum laß ich nicht*" G-Dur
Nr. 27 „*Nun danket alle Gott*" G-Dur
Nr. 28 „*Nun freut euch, lieben Christen*" G-Dur
Nr. 29 „*Nun komm, der Heiden Heiland*" g-Moll
Nr. 30 „*O Gott, du frommer Gott*" D-Dur
Nr. 31 „*O Jesu Christ, meines Lebens Licht*" B-Dur
Nr. 32 „*O Lamm Gottes, unschuldig*" F-Dur
Nr. 33 „*O Welt, ich muß dich lassen*" G-Dur
Nr. 34 „*Schmücke dich, o liebe Seele*" Es-Dur
Nr. 35 „*Seelenbräutigam*" A-Dur

3. Heft
Nr. 36 „*Sollt' ich meinem Gott nicht singen*" d-Moll
Nr. 37 „*Straf mich nicht in deinem Zorn*" Es-Dur

Nr. 38 „*Valet will ich dir geben*“ C-Dur
Nr. 39 „*Vater unser im Himmelreich*“ d-Moll
Nr. 40 „*Vom Himmel hoch, da komm ich her*“ D-Dur
Nr. 41 „*Wachet auf, ruft uns die Stimme*“ C-Dur
Nr. 42 „*Von Gott will ich nicht lassen*“ *(„Mit Ernst, o Menschenkinder“)* a-dorisch
Nr. 43 „*Warum sollt' ich mich denn grämen*“ G-Dur
Nr. 44 „*Was Gott tut, das ist wohlgetan*“ G-Dur
Nr. 45 „*Wer nur den lieben Gott*“ (ernst) a-Moll
Nr. 46 „*Wer nur den lieben Gott*“ (freudig) A-Dur
Nr. 47 „*Werde munter mein Gemüte*“ *(„Der am Kreuz ist meine Liebe“)* G-Dur
Nr. 48 „*Wer weiß, wie nahe mir mein Ende*“ Es-Dur
Nr. 50 „*Wie wohl ist mir, o Freund der Seelen*“ Es-Dur
Nr. 51 „*Jesus ist kommen*“ Es-Dur
Nr. 52 „*O wie selig*“ d-Moll

E: 1900/1902

UA: nicht nachweisbar

W: 1. Heft *„Herrn Prof. Dr. J. G. Herzog zugeeignet“*
Johann Georg Herzog (1822–1909) war 1850–1854 Orgellehrer am Konservatorium in München, wo J. Rheinberger sein Schüler war. 1866–1888 Universitätsmusikdirektor in Erlangen, Orgelkomponist, Verfasser einer weitverbreiteten Orgelschule und Mitarbeiter der Zeitschrift für evangelische Kirchenmusik „Siona“, in der früh sehr positiv über Reger und seine Orgel- und Vokalwerke berichtet wurde.
2. Heft *„Herrn Robert Frenzel zugeeignet“*
Zu R. Frenzel siehe op. 63
3. Heft *„Herrn Hermann Gruner zugeeignet“*
H. Gruner (Lebensdaten unbekannt), Organist in Falkenstein im Vogtland, hat durch seinen Beitrag in der Monatsschrift f. Gottesdienst und Kirchliche Kunst *Mein Orgelspielplan im Jahre 1899* (5, 1900, S. 201 ff.) vielleicht reger zur Komposition von Choralvorspielen angeregt. Er besprach in der gleichen Zeitschrift Regers Orgelwerke und war an dem Orgelkonzert am 31. Oktober 1901 in der Zwickauer Marienkirche beteiligt (vgl. op. 63), wobei er op. 27 und op. 67 Nr. 15 spielte.

A: Nr. 15 in MGK 6, 1901, 177; Nr. 48 in MGK 5, 1900, 344; Nr. 51 in MGK 8, 1903, 137; Nr. 52 in MGK 7, 1902, 351.
Alle 1903 Lauterbach & Kuhn, seit 1908 Bote & Bock und Universal-Edition; GA III, 2 ff. (in alphabetischer Reihenfolge und entsprechend veränderter Numerierung); EB 7

L: Walter 1949; Walter 1952; Walter 1953; Walter 1954a; Walter 1954b; Walter 1956.

SD:

1	2 Min.	27	2 Min.
2	1 Min.	28	1½ Min.
3	3 Min.	29	1½ Min.

4	2½ Min.	30	1½ Min.
5	2½ Min.	31	1 Min.
6	2½ Min.	32	1½ Min.
7	2 Min.	33	Reger: 3 Min.
8	1 Min.	34	1½ Min.
9	1 Min.	35	2 Min.
10	2 Min.	36	2½ Min.
11	1½ Min.	37	2 Min.
12	2½ Min.	38	2½ Min.
13	3½ Min.	39	3 Min.
14	2½ Min.	40	2½ Min.
15	4½ Min.	41	2½ Min.
16	2½ Min.	42	2 Min.
17	2 Min.	43	2 Min.
18	1½ Min.	44	2 Min.
19	1½ Min.	45	Reger: 2½ Min.
20	Reger: 2 Min.	46	1 Min.
21	2 Min.	47	1½ Min.
22	1 Min.	48	2½ Min.
23	Reger: 1½ Min.	49	2 Min.
24	1 Min.	50	Reger: 2 Min. 20 Sek.
25	3 Min.	51	1½ Min.
26	2 Min.	52	Reger: 1½ Min.

S: Nr. 20, 23, 33, 45, 50, 52: Max Reger an der Welte-Orgel, Columbia 80 666 bzw. EMI 16053-28925
Nr. 23, 45: Max Reger an der Welte-Philharmonie-Orgel, Intercord INT 160.857

Zehn Stücke op. 69

Nr. 1 *Präludium* e-Moll, Nr. 2 *Fuge* e-Moll, Nr. 3 *Basso ostinato* e-Moll, Nr. 4 *Moment musical* D-Dur, Nr. 5 *Capriccio* d-Moll, Nr. 6 *Toccata* D-Dur, Nr. 7 *Fuge* D-Dur, Nr. 8 *Romanze* g-Moll, Nr. 9 *Präludium* a-Moll, Nr. 10 *Fuge* a-Moll

E: November 1902 (Briefe 1956, 123)

UA: Nr. 1–5 nicht nachweisbar
Nr. 6–10 1. März 1904 in der Garnisonkirche Berlin durch Walter Fischer (Reger-Konzerte 2, 272)

W: Heft I (Nr. 1–5) *„Herrn Otto Becker zugeeignet“*
Heft II (Nr. 6–10) *„Herrn Walter Fischer zugeeignet“*
O. Becker (1870–1936) war bis 1910 Kantor an der Garnisonkirche Berlin, ab 1910 Kantor und Organist an der Garnisonkirche Potsdam.
W. Fischer (1872–1931) war 1903–1910 Organist an der Berliner Garnisonkirche, 1910–1917 an der Kaiser-Wilhelm-Gedächtniskirche, 1917–1931 am Dom. Er setzte

sich ab 1902 für Regers Orgel- und Kirchenmusik publizistisch, als Organist und Dirigent ein. Am 1. März 1905 spielte er in der Garnisonkirche die Uraufführung von op. 73. Er veröffentlichte: *Über die Wiedergabe der Orgelkompositionen Max Regers,* Köln 1910.
Reger teilt Fischer am 21. November 1902 die beabsichtigte Widmung mit und bezeichnet ihn und Becker als *„seine beiden Berliner ‚Apostel'"* (Briefe 1956, 123).

A: 1903 Lauterbach & Kuhn, ab 1908 Bote & Bock und Universal-Edition; GA III, 92 ff.; EB 4; M. Reger: 10 Stücke op. 69, Suite op. 92, 9 Stücke op. 129, hrsg. v. Chr. Albrecht, Leipzig (1981), Ed. Peters 9442

L: Gatscher 1925, 190 f.

SD: Nr. 1 3½ Min; Nr. 2 4 Min.; Nr. 3 3 Min.; Nr. 4 Reger: 6 Min.; Nr. 5 3 Min.; Nr. 6 4 Min.; Nr. 7 3½ Min.; Nr. 8 4½ Min.; Nr. 9 3 Min.; Nr. 10 3½ Min.

S: Nr. 4: Max Reger an der Welte-Orgel, Columbia C 80 666 bzw. EMI 16053-28925

Variationen und Fuge über ein Originalthema op. 73

E: Spätsommer 1903 in Schneewinkel bei Berchtesgaden. Das Autograph ist am 16. September 1903 datiert (GA III, XII)

UA: 1. März 1905 in der Garnisonkirche Berlin durch Walter Fischer

W: *„Karl Straube zur Erinnerung an den 14. Juni 1903"*

A: 1904 Lauterbach & Kuhn, seit 1909 Bote & Bock; GA III, 138 ff.; EB 1

L: Bagier 1923, 143 ff.; Keller 1923, 261 ff.; Gatscher 1925, 191 f.; Dejmek 1930, 10 f. u. VIII ff.; Coenen 1935, 31 ff.; Rahner 1936, 55 ff.; Barker 1965; Haupt 1973; Gotthard F. Döring: *Hörpartitur zu M. Reger, Variationen und Fuge über ein Originalthema in fis-Moll, op. 73,* Herrenberg 1974

SD: 30–32 Min.

Karl Straube hat in einem Brief vom 25. Februar 1944 an Hans Klotz die Umstände der Entstehung von op. 73 so geschildert: *„Der 14. Juni 1903 ist der Tag, an dem ich gelegentlich des deutsch-schweizerischen Tonkünstlerfestes des genannten Jahres Max Regers Symphonische Phantasie und Fuge op. 57 und ‚Ein feste Burg' op. 27 im Baseler Münster spielte, die Aufsehen erregten, aber auch starken Widerspruch erfuhren. Die Widmung hat bedauerlicherweise nichts mit deutschen, französischen oder schweizerischen Weinen zu tun. Wein war nicht das Getränk, das Reger bevorzugte. Eine pathologische Neigung zu sehr großen Quantitäten an Flüssigkeiten ließ ihn Pilsener Bier bevorzugen.* [. . .] *In Basel habe ich dann Max Reger gebeten, mir ein Orgelwerk ohne Bezugnahme auf evangelische Choräle schreiben zu wollen, damit ich in vorwiegend katholisch orientierten Städten ein nicht kirchlich gebundenes Stück für mein Programm hätte, und schlug ihm als Form Variationen und Fuge über ein eigenes Thema vor. Das ist die Lösung des Rätsels der Widmung"* (Held, 103 f.)
Reger schreibt am 25. Juni 1904 an Straube: *„Das ist ja fein mit op. 73, daß Du so weit damit*

bist; ja, was soll ich da angeben: das Werk selbst ist aus einer recht wehmütigen Stimmung heraus geboren; das Thema in seiner Resignation gibt alles an; eine große Rolle spielt im Werke der melancholische dritte Akt aus dem Thema selbst:

Ich glaube, das wird wohl genügen. Du weißt, ich spreche darüber so furchtbar ungern, weil ich es als ,Pose' empfinde, mit seinen Stimmungen und Empfindungen zu ,protzen'" (Straube-Briefe 1986, 58).

Dreizehn Choralvorspiele op. 79 b

Nr. 1 „*Ach Gott, verlaß mich nicht*" a-Moll *(„O Gott, du frommer Gott")*
Nr. 2 „*Ein feste Burg ist unser Gott*" D-Dur
Nr. 3 „*Herr, nun selbst den Wagen halt'*" C-Dur
Nr. 4 „*Morgenglanz der Ewigkeit*" D-Dur
Nr. 5 „*Mit Fried' und Freud' ich fahr dahin*" d-dorisch
Nr. 6 „*Wer weiß, wie nahe mir mein Ende*" Es-Dur
Nr. 7 „*Aufersteh'n, ja aufersteh'n wirst du*" A-Dur
Nr. 8 „*Christ ist erstanden*" d-Moll
Nr. 9 „*Christus, der ist mein Leben*" Es-Dur
Nr. 10 „*Mit Fried' und Freud' ich fahr dahin*" d-dorisch
Nr. 11 „*Nun danket alle Gott*" F-Dur
Nr. 12 „*Herr, nun selbst den Wagen halt*" G-Dur
Nr. 13 „*Warum sollt ich mich denn grämen?*" F-Dur

E: Nr. 2, 3, 4 und 12 spätestens Anfang 1901 in Weiden, Nr. 6 spätestens Ende 1901, Nr. 10 und 11 spätestens Anfang 1902, Nr. 1, 5, 7, 8, 9 und 13 spätestens 1903

UA: nicht nachweisbar

W: keine

A: Nr. 2 MGK 1901, 360
Nr. 3 MGK 1901, 363
Nr. 4 MGK 1902, 68
Nr. 6 BHKM 1902, 13
Nr. 7 BHKM 1902, 79
Nr. 8 BHKM 1903/4, 44
Nr. 9 BHKM 1903/4, 64
Nr. 10 MGK 1902, 69
Nr. 11 MGK 1902, 38
Nr. 12 BHKM 1901, 72

Alle zusammen in zwei Heften 1904 Beyer & Söhne, Langensalza; Sikorski, Hamburg; GA III, 183 ff.; EB 7; ES 2

L: Walter 1949, Walter 1952, Walter 1953, Walter 1954a, Walter 1954b

SD: Nr. 1 1½ Min.; Nr. 2 1½ Min.; Nr. 3 1½ Min.; Nr. 4 1½ Min.; Nr. 5 2 Min.; Nr. 6 2½ Min.; Nr. 7 1 Min.; Nr. 8 1½ Min.; Nr. 9 1½ Min.; Nr. 10 1½ Min.; Nr. 11 1½ Min.; Nr. 12 1 Min.; Nr. 13 1½ Min.

Zwölf Stücke op. 80

Nr. 1 *Präludium* e-Moll, Nr. 2 *Fughetta* e-Moll, Nr. 3 *Canzonetta* g-Moll, Nr. 4 *Gigue* d-Moll, Nr. 5 *Ave Maria* As-Dur, Nr. 6 *Intermezzo* g-Moll, Nr. 7 *Scherzo* fis-Moll, Nr. 8 *Romanze* a-Moll, Nr. 9 *Perpetuum mobile* f-Moll, Nr. 10 *Intermezzo* D-Dur, Nr. 11 *Toccata* a-Moll, Nr. 12 *Fuge* a-Moll.

E: Nr. 2 *Fughetta*, Nr. 4 *Gigue* und Nr. 6 *Intermezzo* wurden im Frühjahr zusammen mit den als op. 65 erschienenen Stücken komponiert, aber für eine spätere Veröffentlichung zurückgestellt (Briefe 1973, 12). Die übrigen Stücke entstanden im Frühjahr 1904, das Opus ging am 15. 6. 1904 zum Verlag (Straube-Briefe 1986, 49).

UA: nicht nachweisbar

W: Nr. 1–6 (Heft I) *„Herrn Fr. Grunicke zugeeignet"*
Franz Grunicke (1841–1913) war Organist in Berlin, er trat früh als Reger-Spieler hervor (Straube-Briefe 1986, 55).
Nr. 7–12 (Heft II) *„Herrn Otto Burkert zugeeignet"*
Otto Burkert (1880–1944) lebte um 1900 als Organist in Brünn und spielte dort am 24. Mai 1900 die Uraufführung der Choralfantasie *„Straf mich nicht in deinem Zorn"* op. 40 Nr. 2. Er redigierte auch die 1909 erschienene dritte Auflage des *Führers durch die Orgelliteratur* von B. Kothe und Th. Forchhammer.

A: 1904 Ed. Peters 3064 a+b; Nr. 1, 2, 11, 12 auch in Straube, P+F; GA III, 201 ff.; EB 4

L: Gatscher 1925, 192 f.

SD: Nr. 1 5 Min.; Nr. 2 3½ Min.; Nr. 3 5 Min.; Nr. 4 3 Min.; Nr. 5 Reger: 5¼ Min.; Nr. 6 5 Min.; Nr. 7 4 Min.; Nr. 8 Reger: 4–5 Min.; Nr. 9 2 Min.; Nr. 10 4 Min.; Nr. 11 3½ Min.; Nr. 12 3 Min.;

S: Nr. 8: Max Reger an der Welte-Orgel, Columbia C 80 666 bzw. EMI 16053-28925, dasselbe: Max Reger an der Welte-Philharmonie-Orgel, Intercord INT 160.857

Vier Präludien und Fugen op. 85

Nr. 1 Präludium und Fuge cis-Moll, Nr. 2 Präludium und Fuge G-Dur, Nr. 3 Präludium und Fuge F-Dur, Nr. 4 Präludium und Fuge e-Moll.

E: München, Frühjahr 1904, das Ms. ging am 15. 6. 1904 zum Verlag (Straube-Briefe, 49)

UA: nicht nachweisbar

W: *„Herrn Bernhard Irrgang zugeeignet"*. B. Irrgang (1869–1916) war seit 1894 Organist in Berlin, seit 1910 am Dom, zugleich seit 1912 Orgellehrer an der Musikhochschule.

A: 1904 Ed. Peters 3110; GA III, 247 ff.; Straube, Pr+F; EB 2

L: Gatscher 1925, 199 ff.

SD: Nr. 1 8 Min.; Nr. 2 7 Min.; Nr. 3 9 Min.; Reger: Präludium 6½ Min.; Nr. 4 7 Min.

S: Nr. 3: Max Reger an der Welte-Orgel, Columbia C 80 666 bzw. EMI 16053-28925

Zweite Suite g-Moll op. 92

Nr. 1 *Präludium* g-Moll, Nr. 2 *Fuge* g-Moll, Nr. 3 *Intermezzo* h-Moll, Nr. 4 *Basso ostinato* g-Moll, Nr. 5 *Romanze* As-Dur, Nr. 6 *Tokkata* g-Moll, Nr. 7 *Fuge* g-Moll.

E: Herbst 1905

UA: nicht nachweisbar

W: keine

A: 1906 Otto Forberg; GA IV, 2ff.; EB 5; M. Reger: 10 Stücke op. 69, Suite op. 92, 9 Stücke op. 129, hrsg. v. Chr. Albrecht, Leipzig (1981), Ed. Peters 9442.

L: Gatscher 1925, 206 f.; Troebliger 1943, 11 ff.

SD: Nr. 1 3–4 Min., Nr. 2 3 Min., Nr. 3 5 Min., Nr. 4 Reger: 3 Min. 45 Sek., Nr. 5 5½ Min., Nr. 6 3 Min., Nr. 7 3 Min.

S: Nr. 4: Max Reger an der Welte-Philharmonie-Orgel, Intercord INT 160.857
Nr. 5: Wolfgang Dallmann an der Steinmeyer-Orgel der Christuskirche Mannheim, Pelca PSR 41026

Introduction, Passacaglia und Fuge e-Moll op. 127

E: 8. April bis 16. Mai 1913 (s. o. S. 22)

UA: 24. September 1913 in der Jahrhunderthalle Breslau durch Karl Straube

W: *„Karl Straube zugeeignet"*

A: 1913 Bote & Bock, UE; GA IV, 28; EB 1

L: Keller 1923, 73; Gatscher 1925, 228 ff.; Barker 1965, 131 ff.; Walter 1974a; Haupt 1977

SD: 30–35 Min.; Straube soll bei der Uraufführung 40 Min. benötigt haben (Walter 1974a, 37 u. 39).

Neun Stücke für die Orgel op. 129

Nr. 1 *Toccata* d-Moll, Nr. 2 *Fuge* d-Moll, Nr. 3 *Kanon* e-Moll, Nr. 4 *Melodia* B-Dur, Nr. 5 *Capriccio* g-Moll, Nr. 6 *Basso ostinato* g-Moll, Nr. 7 *Intermezzo* f-Moll, Nr. 8 *Präludium* h-Moll, Nr. 9 *Fuge* h-Moll.

E: Ende August bis 7. September 1913 in Kolberg (s. o. S. 22 f.)

UA: nicht nachweisbar

W: *„Meinem lieben Freunde Hans von Ohlendorff zugeeignet“*
Reger lernte H. v. Ohlendorff (1880–1967) am 3. Februar 1908 bei einem Konzert in Hamburg kennen. Er war Sohn eines Hamburger Großkaufmanns und sehr musikliebend, spielte auch selbst Orgel. Bald entwickelte sich eine enge persönliche Freundschaft, 1916 wurde Ohlendorff Vormund von Regers Adoptivtöchtern (Briefe 1973, 193 ff.).

A: 1913 Bote & Bock; GA IV, 73 ff.; EB 4; M. Reger: 10 Stücke op. 69, Suite op. 92, 9 Stücke op. 129, hrsg. v. Chr. Albrecht, Leipzig (1981), Ed. Peters 9442

L: Bagier 1923, 149; Gatscher 1925, S. 240 f.

SD: Nr. 1 3½ Min., Nr. 2 5½ Min.; Nr. 3 2–3 Min., Nr. 4 3 Min., Nr. 5 2 Min., Nr. 6 3 Min., Nr. 7 3 Min., Nr. 8 2 Min., Nr. 9 3½ Min.

S: Nr. 1 u. 2: Günther Ramin an der Sauer-Orgel der Thomaskirche Leipzig, Eterna 820 294; dass.: Hannes Kästner an der Sauer-Orgel der Thomaskirche Leipzig, Eterna 826 388.

Dreißig kleine Choralvorspiele zu den gebräuchlichsten Chorälen op. 135a

Nr. 1 *„Ach bleib mit deiner Gnade“* Es-Dur, Nr. 2 *Allein Gott in der Höh sei Ehr“* G-Dur, Nr. 3 *Alles ist an Gottes Segen“* As-Dur, Nr. 4 *„Aus tiefer Not schrei ich zu dir“* e-phrygisch, Nr. 5 *„Ein' feste Burg ist unser Gott“* D-Dur, Nr. 6 *„Eins ist not; ach Herr, dies Eine“* Es-Dur, Nr. 7 *„Es ist das Heil uns kommen her“* Es-Dur, Nr. 8 *„Es ist gewißlich an der Zeit“* G-Dur, Nr. 9 *„Freu' dich sehr, o meine Seele“* F-Dur, Nr. 10 *„Großer Gott, wir loben dich“* G-Dur, Nr. 11 *„Herr Jesu Christ, dich zu uns wend“* F-Dur, Nr. 12 *„Jerusalem, du hochgebaute Stadt”* D-Dur, Nr. 13 *„Jesus, meine Zuversicht“* D-Dur, Nr. 14 *„Liebster Jesu, wir sind hier“* A-Dur, Nr. 15 *„Lobe den Herren, den mächtigen König der Ehren“* G-Dur, Nr. 16 *„Macht hoch die Tür“* F-Dur, Nr. 17 *„Meinen Jesum lass' ich nicht“* A-Dur, Nr. 18 *„Nun danket alle Gott“* G-Dur, Nr. 19 *„O daß ich tausend Zungen hätte“* F-Dur, Nr. 20 *„O Gott, du frommer Gott“* F-Dur, Nr. 21 *„O Haupt voll Blut und Wunden“* fis-phrygisch, Nr. 22 *„O Welt, ich muß dich lassen“* G-Dur, Nr. 23 *„Valet will ich geben“* C-Dur, Nr. 24 *„Vom Himmel hoch, da komm ich her“* D-Dur, Nr. 25 *„Wachet auf ruft uns die Stimme“* C-Dur, Nr. 26 *„Was Gott tut, das ist wohlgetan“* G-Dur, Nr. 27 *„Was mein Gott will, das g'scheh' allzeit“* a-Moll, Nr. 28 *„Wer nur den lieben Gott läßt walten“* g-Moll, Nr. 29 *„Wie schön leucht't uns der Morgenstern“* D-Dur, Nr. 30 *„Wunderbarer König“* G-Dur.

E: Mit Unterbrechungen zwischen August und November 1914 (Straube-Briefe 1986, 241)

UA: nicht nachweisbar

W: *„Meinem lieben Freunde Hans von Ohlendorff“* (siehe op. 129)

A: 1915 N. Simrock u. C. F. Peters; GA IV, 104; EB 7; ES 3

L: Walter 1949; Walter 1952, Walter 1954a, Walter 1954b, Walter 1978

SD: je zwischen 1 und 2 Min.

Der nachmalige Meininger Kirchenmusikdirektor August König bat Reger 1914, „*für unsere Verhältnisse doch Werke zu schaffen, die auf einer mechanischen Orgel zu bewältigen seien. Er versprach es und kündigte seine Werke op. 135a und das Sammelopus 145* [. . .] *an*" (Walter 1978, 38 f.).

Phantasie und Fuge d-Moll op. 135b

E: Am 29. Oktober 1914 schreibt Reger an Straube: „*Ein neues großes Orgelwerk ,kristallisiert' sich*" (Straube-Briefe, 244). Am 30. April 1915 berichtet er demselben, „*daß ich an einem neuen Orgelwerke großen Stils arbeite*" (Straube-Briefe, 250). Am 17. Mai 1915 schickt Reger die fertige Reinschrift an den Verleger Simrock: „*Anbei finden Sie ein neues Manuskript: op. 135b; es ist das ein Orgelwerk größten Styls – aber nicht zu lang –! Als Honorar haben wir s. Z. 1000 M (Eintausend M) für ein derartiges Werk vereinbart;*" (Briefe 1973, 274). Die Angaben zur Entstehungszeit in GA IV, XI sind danach zu korrigieren.

UA: 11. Juni 1916 in der Stadthalle Hannover durch Hermann Dettmer.

W: „*Meister Richard Strauß in besonderer Verehrung*"

A: 1916 Simrock; seit 1928 Ed. Peters 3981; GA IV, 129 ff. (Manuskriptfassung, s. u.); EB 1 (desgl.)

L: Keller 1923, 75 ff.; Gatscher 1925, 238 f.; Barker 1965, 102 ff.; Haupt 1968; Schreiber 1973.

S: Ivan Sokol an der Petr-Orgel (1898) der Kirche St. Cyrillus u. Methodius Prag, Eurodisc 86 310 KK.

SD: 15 Min.

Anfang April 1916 bearbeitet Reger die vom Verlag Simrock übersandten Korrekturen der Erstausgabe und nimmt bei dieser Gelegenheit eingreifende Veränderungen vor, die auf Vorschläge Straubes zurückgehen (Straube-Briefe 1986, 258). Neben der Abänderung zahlreicher Vortragsbezeichnungen sind dies vor allem drei erhebliche Kürzungen:
In der Fantasie wurden ab T. 39, 3. Viertel zehn Takte gestrichen, deren letzter mit dem 4. Viertel des jetzigen T. 39 schloß. „*Die gestrichene Stelle* [. . .] *hatte zunächst vier tokkatahafte Takte mit Trillern, chromatischen Auftaktläufen und abschließenden Akkorden im organo pleno, dann kontrastierend hierzu sehr ruhige leise Takte, die Reminiszenzen an Takt 27 und an das abwärts gerichtete Tonschrittmotiv der erste Hälfte von Takt 28 enthielten*" (Schreiber 1973, 36). In der Fuge wurden zwei Passagen gestrichen: zwanzig Takte im Anschluß an T. 43, vor der Einführung des zweiten Themas, in denen das erste Thema viermal nach Art von Ostinatovariationen durchgeführt wurde, und acht Takte im Anschluß an T. 53, 1. Viertel. Im ursprünglichen T. 53 wurde nach a-Moll moduliert, und es schloß sich ein Themeneinsatz im Pedal in a-Moll mit ausgedehnter Modulation nach g-Moll an.

Weitere Einzelheiten sind dem Vergleich zwischen der Druckfassung und der in GA wiedergegebenen Manuskriptfassung sowie dem Beitrag von O. Schreiber zu entnehmen, dessen Fazit lautet: *„Straffung, Verdeutlichung des Wesentlichen im Aufbau des Werkes – das sind die Gesichtspunkte, unter denen Reger im Frühjahr 1916 die teilweise doch gravierenden Abänderungen vorgenommen hat.* [. . .] *Max Reger wird ein schlechter Dienst erwiesen, wenn man auf die ‚Urform' zurückgreift oder sie spielt, ohne nicht wenigstens auch die gültige ‚Endform' zu bringen. Das verlangt nicht nur die Pietät gegenüber dem vom Komponisten niedergelegten letzten künstlerischen Willen, sondern auch die der älteren Version weit überlegene Endfassung ganz von selbst: sie ist das Werk"* (Schreiber 1973, 38 f.).

Sieben Orgelstücke op. 145
(„Sieben Fantasien zu den Hauptfesten des Kirchenjahres")

Nr. 1 *Trauerode* d-Moll/D-Dur, Nr. 2 *Dankpsalm* D-Dur, Nr. 3 *Weihnachten* d-Moll, Nr. 4 *Passion* g-Moll, Nr. 5 *Ostern* D-Dur, Nr. 6 *Pfingsten* F-Dur, Nr. 7 *Siegesfeier* G-Dur

E: Winter 1915/16

UA: nicht nachweisbar

W: Nr. 1 *„Dem Gedenken der im Kriege 1914/15 Gefallenen"*
Nr. 2 *„Dem deutschen Heere"*

A: H. Oppenheimer, Hameln 1915/16 in Einzelausgaben, seit 1938 Breitkopf & Härtel; GA IV, 151 ff.; EB 4
Nr. 3 erschien 1915 gleichzeitig (also wohl mit Regers Einverständnis) in Bearbeitungen von Karl Hoyer (für Flöte od. Violine, Violoncello u. Orgel od. Harmonium od. Klavier) und Otto Meyer (für Streichquartett, für Kammerorchester und für Salonorchester).

L: Keller 1923, 283 f., Walter 1978, 38 f.

SD: Nr. 1 11–12 Min., Nr. 2 7–8 Min., Nr. 3 6–7 Min., Nr. 4 7–8 Min., Nr. 5 4 Min., Nr. 6 5 Min., Nr. 7 8 Min.

S: Nr. 1–7: Christoph Schoener an der Schlag-Orgel (1904) der Stephanuskirche Berlin-Wedding, Pape Orgelprofile 6.
Nr. 3: Hermann J. Busch an der Schorn-Orgel (1896) der Kath. Pfarrkirche St. Nikolaus Euskirchen-Kuchenheim, Coronata COR 1002.

Zwischen Juli 1914 und Januar 1916 gab Reger unter Mitwirkung einiger anderer Instrumentalisten und Sänger eine Reihe von Kirchenkonzerten in Meiningen (am 20. September 1914 auch in Hildburghausen), die mit einem *„freien Orgelnachspiel"* Regers endeten. Nach Aussagen des nachmaligen Meininger Kirchenmusikdirektors August König, der Reger bei diesen Konzerten assistierte, waren diese Improvisationen in der Art der Stücke op. 145 gehalten (Walter 1978, 39 ff.).

Werke ohne Opus-Zahl (in der Reihenfolge ihrer Entstehung)

Choralvorspiel „O Traurigkeit, o Herzeleid"

E: September/Oktober 1893. Reger an Otto Leßmann: „*Wegen des Orgelvorspiels habe ich an Augener geschrieben und werde Ihnen sogleich Nachricht geben, wenn ich Antwort erhalte. Nicht wahr, Sie geben es dann als Beilage zu der Nummer, in der die Kritik über meine Violoncellsonate op. 5 erscheint! Gewiß! Das Manuskript hat Herr Dr. Riemann und steht es Ihnen jederzeit zur Verfügung*" (Briefe 1928, 35). Reger mußte wohl beim Verleger Augener, mit dem er 1892 einen Vertrag geschlossen hatte, über die anderweitige Drucklegung eines Werkes verhandeln.

UA: nicht nachweisbar

W: keine

A: Beilage zur Allgemeinen Musikzeitung 21, 1894, Nr. 6. Später Schott; GA IV, 231; EB 7

L: Walter 1953, 104 f.

SD: 4–5 Min.

Vorspiel „Komm, süßer Tod"

E: vermutlich Frühjahr 1894

UA: nicht nachweisbar

W: keine

A: Beilage zu: Monthly Musical Record v. 1. 4. 1894, eine bei Augener erschienene Zeitschrift, seit 1911 Schott. Da der Verlag Augener versehentlich auf dem Titelblatt des Erstdrucks der Suite op. 16 angegeben hatte „*Daraus einzeln: Vorspiel ,Komm, süßer Tod'*", entstand daraufhin der Irrtum, das Stück sei mit dem zweiten Satz der Suite identisch (s. o. S. 75). GA IV, 234; EB 7

L: Stein 1939, 112

SD: 5½–6 Min.

Introduktion und Passacaglia d-Moll

E: zwischen dem 13. und 19. Oktober 1899 (Briefe 1928, 65 f.)

UA: nicht nachweisbar

W: keine

A: In: *Orgelalbum zugunsten des Orgelneubaus zu Schönberg im Taunus*. Hrsg. v. L. Sauer, Leipzig, Breitkopf & Härtel 1900; Einzelausgabe Breitkopf & Härtel 1907, Bearbeitung f. Klavier zu 4 Händen v. Reger, ebda. 1914; GA IV, 195; EB 4

L: Bagier 1923, 141

SD: 7–8 Min.

S: Hannes Kästner an der Sauer-Orgel der Thomaskirche Leipzig, Eterna 825 402; Ivan Sokol an der Petr-Orgel (1898) der Kirche St. Cyrillus u. Methodius Prag, Eurodisc 86 310

Ludwig Sauer (1861–1939) war seit 1889 Lehrer und Organist an der Kath. Pfarrkirche in Schönberg bei Kronberg und als Chordirigent, Komponist, Organist und Orgelsachverständiger vielseitig tätig. Im September 1899 beschloß er die Herausgabe eines Orgelalbums mit Beiträgen prominenter zeitgenössischer Orgelkomponisten, die bereit waren, auf ein Honorar zu verzichten. Der Ertrag sollte der Finanzierung eines Orgelneubaus in seiner Kirche zufließen. In dem Ende 1900 erschienenen Album sind neben Reger Widor, Guilmant, Rheinberger, de Lange, Pfitzner u. a. vertreten. Der geplante Orgelneubau begann 1900 und wurde nach einigen Schwierigkeiten wohl durch Sauer selbst zu Ende gebracht. Das Instrument, das Reger nicht kennengelernt hat, ist nach dem 2. Weltkrieg beseitigt worden (Plodek 1986).
Reger hatte zunächst die Absicht, Sauer ein *„ausgedehntes Präludium samt Fuge“* zu liefern. Mit der Übersendung des fertigen Werkes schreibt er: *„Ich habe Ihnen in Anbetracht dessen, daß Ihnen doch voraussichtlich meistens Fugen, Fughetten etc. für das Album gesandt werden, eine Introduktion und Passacaglia geschrieben. Das Werkchen wird 7–8 Druckseiten geben, ich habe es absichtlich nicht schwer gemacht, um nicht den Vorwurf auf mich zu laden, daß mein Beitrag zu Ihrem Album durch zu große Schwierigkeit den öfteren Gebrauch verhinderte. So wie die Passacaglia ist, muß sie jeder nur einigermaßen geübte Organist vom Blatt spielen können”* (Briefe 1928, 65).

Präludium c-Moll

E: Am 23. August 1900 in Adalbert Lindners Wohnung, während dieser ihm eine Limonade zubereitete.

UA: nicht nachweisbar

W: Adalbert Lindner

A: Faksimile in Lindner 1922, 226; Erstdruck in „Allgemeine Musikzeitung“ 70, 19. März 1943; GA IV, 205; EB 4; ES 1

L: Lindner 1922, 225;

SD: 1 Min.

Variationen und Fuge über „Heil, unserm König, Heil“ („Heil dir im Siegerkranz“)
Variations and Fugue on the English National Anthem

E: Frühjahr 1901, Reger schrieb das Werk auf Wunsch des Verlegers Eugen Spitzweg (Inh. der Fa. Aibl) anläßlich des Todes von Königin Victoria von England (22. 1. 1901).

UA: nicht nachweisbar

W: keine

A: 1901 Aibl, gleichzeitig in Bearbeitung f. Klavier zu 4 Händen v. Komponisten, seit 1904 Universal-Edition, GA IV, 206 ff.; EB 4

L: Lindner 1922, 208 f.; Gatscher 1925, 120 ff.; Coenen 1935, 30 f.

SD: 7½–8½ Min.

Choralvorspiel „Christ ist erstanden von dem Tod"

E: wohl März 1901

UA: nicht nachweisbar

W: keine

A: MGK 6, 1901, 144; GA IV, 237; EB 7; ES 2

L: vgl. op. 67

SD: 1½ Min.

Präludium und Fuge d-Moll

E: 1902

UA: nicht nachweisbar

W: keine

A: in: Die Musikwoche 1902, 1906 E. Hoffmann, Dresden, später O. Junne; GA IV, 215 ff.; EB 4; ES 1

L: keine

SD: 6 Min.

Postludium d-Moll

E: 1903

UA: nicht nachweisbar

W: keine

A: In: *Orgelalbum bayrischer Lehrerkomponisten,* hrsg. v. Alban Lipp, Verlag Anton Böhm, Augsburg 1904; GA IV, 221; EB 4; ES 1

L: keine

SD: 2 Min.

Choralvorspiel „O Haupt voll Blut und Wunden“

E: wohl 1904 in München

UA: nicht nachweisbar

W: keine

A: *Orgelkompositionen zum Konzert- und gottesdienstlichen Gebrauch*, hrsg. v. W. Herrmann, Leipzig, Breitkopf & Härtel 1905, Bd. II, Nr. 25, auch einzeln; GA IV, 238; EB 7; ES 2

L: vgl. op. 67

SD: 1½–2 Min.

Choralvorspiel „Es kommt ein Schiff geladen“

E: wohl Herbst 1905 in München

UA: nicht nachweisbar

W: keine

A: MGK 10, 1905, 347; GA IV, 239; EB 7; ES 2

L: vgl. op. 67

SD: 1 Min.

Praeludium und Fuge gis-Moll

E: 1906

UA: nicht nachweisbar

W: keine

A: Otto Junne 1907; auch in: *Neue größere und kleinere Orgelstücke zur Übung sowie zum gottesdienstlichen Konzertgebrauch,* hrsg. v. J. Diebold, Verlag Otto Junne 1907; GA IV, 224 ff.; EB 4

L: Gatscher 1925, 240.

SD: 8½ Min.

Hans von Ohlendorff, der nachmalige enge persönliche Freund Regers, spielte das Werk Max Regers am 3. Februar 1908 auf der Orgel im väterlichen Hause in Hamburg vor, als der Komponist anläßlich eines Konzerts erstmals im Hause Ohlendorff zu Gast war (Briefe 1973, 193).

Choralvorspiel „Wie schön leuchtet der Morgenstern“

E: wahrscheinlich 1908 (GA IV, XIII)

UA: nicht nachweisbar

W: keine

A: Heinrich Trautner (Hrsg.): *Präludienbuch zu den Chorälen der christlichen Kirche*, Verl. Crusius, Kaiserslautern 1909; GA IV, 240; EB 7; ES 2

L: vgl. op. 67

SD: 1½ Min.

Bearbeitungen eigener Werke

Romanze a-Moll

E: 1904 als Bearbeitung eines im gleichen Jahr entstandenen Harmoniumstücks

UA: nicht nachweisbar

W: keine

A: 1904 Schramm, München; seit 1908 Simon, Berlin; seit 1923 Peters, Edition 3820; GA IV, 241; EB 5; ES 1

L: keine

SD: 4 Min.

Präludium und Fuge fis-Moll

E: 1912 als Bearbeitung der Klavierstücke op. 82 Bd. IV, Nr. 1 u. 2

UA: nicht nachweisbar

W: *„Meinem lieben Freunde Hans von Ohlendorff zugeeignet"* (vgl. op. 129)

A: 1912 Bote & Bock; ES 1

L: keine

SD: 5–6 Min.

Largo für Violine und Orgel op. 93a

nach dem 2. Satz der Suite für Violine und Klavier für Violine und Orgel bearbeitet vom Komponisten

E: 1906

UA: nicht nachweisbar

W: keine

A: 1906 Lauterbach & Kuhn, seit 1909 Bote & Bock; GA Supplement Bd. 3

L: keine

SD: 7 Min.

Aria op. 103a Nr. 3
für Violoncello mit Begleitung des Pianoforte oder der Orgel bearbeitet vom Komponisten

E: 2. Jahreshälfte 1908, Bearbeitung von: *Aria,* Nr. 3 aus: *Suite a-Moll, Sechs Vortragsstücke für Violine und Pianoforte* op. 103a

UA: nicht nachweisbar

W: *„Herrn Professor Julius Klengel zugeeignet"*
J. Klengel (1859–1933) war 1881–1924 Solocellist des Gewandhausorchesters und Professor für Violoncello am Konservatorium in Leipzig. Reger widmete dem Duzfreund auch die Cellosonate op. 116 und die Solosuite op. 131c Nr. 1

A: 1908 Lauterbach & Kuhn, seit 1909 Bote & Bock

L: keine

SD: 4½ Min.

Bearbeitungen von Werken anderer Komponisten

Franz Liszt: Legende Der heilige Franziskus von Paula auf den Wogen schreitend, für Orgel bearbeitet von Max Reger.

E: 23. 2. 1901

UA: 26. Juni 1975 in der Kirche St. Jacobi in Hamburg durch Heinz Wunderlich

W: keine

A: Hrsg. v. Gerd Sievers, Breitkopf & Härtel Ed. 6795

L: Gerd Sievers: *Franz Liszts Legende „Der heilige Franziskus von Paula auf den Wogen schreitend" für Klavier in Max Regers Bearbeitung für Orgel,* in: *Reger-Studien 1. Festschrift für Ottmar Schreiber zum 70. Geburtstag am 16. Februar 1976.* Hrsg. v. G. Massenkeil u. S. Popp, Wiesbaden 1978 (Schriftenreihe des Max-Reger-Instituts Bonn Bad Godesberg. Bd. I), S. 9–27.

SD: 9½ Min.

J. S. Bach, Ausgewählte Klavierwerke, für die Orgel bearbeitet von Max Reger

Toccata und Fuga, d-Moll (BWV 913), Praeludium und Fuge, b-Moll (BWV 867), Praeludium und Fuge, C-Dur (BWV 870), Praeludium und Fuge, D-Dur (BWV 874), Praeludium und Fuge, Cis-Dur (BWV 872), Praeludium und Fuge, G-Dur (BWV 884), Praeludium und Fuge, g-Moll (BWV 885), Praeludium und Fuge, B-Dur (BWV 866), Praeludium und Fuge, cis-Moll (BWV 849), Fantasie und Fuge, D-Dur (BWV 912), Fantasie und Fuge, a-Moll (BWV 904), Toccata und Fuge, fis-Moll (BWV 910), Toccata con Fuga, g-Moll (BWV 915), Toccata und Fuga, c-Moll (BWV 911), Chromatische Fantasie und Fuge (BWV 903)

E: vor 1902

UA: nicht nachweisbar

W: keine

A: 1902/03 Aibl, seit 1904 Universal-Edition

L: Lorenzen 1982

Schule des Triospiels – Joh. Seb. Bach, Zweistimmige Inventionen, für die Orgel bearbeitet von Max Reger und Karl Straube

E: Zwischen Anfang Februar und Ende April 1903 (Straube-Briefe 1986, 40)

UA: nicht nachweisbar

W: keine

A: Lauterbach & Kuhn 1903, seit 1909 Bote & Bock

L: Lorenzen 142 ff.

Richard Strauss, Feierlicher Einzug. Bearbeitet von Max Reger (f. Orgel, 3 Pauken, 2–3 Posaunen ad libitum)

E: vor 1909

UA: nicht nachweisbar

W: keine

A: Schlesinger (R. Lienau) 1909

L: keine

SD: 3½ Min.

J. S. Bach Air (Aria) nach dem Choralvorspiel „O Mensch bewein dein Sünde groß" bearbeitet für Violine mit Begleitung von Orgel (oder Harmonium oder Klavier) von Max Reger

E: 1915

UA: nicht nachweisbar

W: keine

A: *Album für Violine und Orgel,* Ed. Peters 2450, 1915

L: keine

SD: 4 Min.

Andante aus dem Klavierquintett von Chr. Sinding, op. 5, bearbeitet von Max Reger

E: unbekannt

UA: nicht nachweisbar

W: keine

A: *Album Nordischer Komponisten für Orgel,* herausgegeben von Paul Gerhardt und Max Reger, Wilhelm Hansen 1921, Bd. 2, S. 80–87.

L: keine

SD: 10 Min.

Literatur

Das folgende Verzeichnis enthält zunächst alle in dieser Veröffentlichung mit Kurztiteln zitierte Literatur, außerdem in Auswahl weitere Titel, die Regers Orgelmusik und damit zusammenhängende Fragen behandeln.

Abkürzungen:

MMRG Mitteilungen der Max-Reger-Gesellschaft
MMRI Mitteilungen des Max-Reger-Instituts, Bonn

Auler 1952
Wolfgang Auler: *Korrektur der Musikgeschichte im Lehrplan? Zu Helmut Walchas Aufsatz „Regers Orgelschaffen kritisch betrachtet“,* in: Musik und Kirche 20, 1952, S. 56–57

Bagier 1923
Guido Bagier: *Max Reger,* Stuttgart/Berlin 1923
Barker 1965
John Wesley Barker: *The Organ Works of Max Reger,* University of Adelaide 1965
Billeter 1981
Bernhard Billeter: *Albert Schweitzers Einfluß auf den europäischen Orgelbau am Beginn des 20. Jahrhunderts,* in: Acta organologica 15, 1981, S. 168–179
Binninger 1986
Kurt Binninger: *Die Welte-Philharmonie-Orgel,* in: Acta Organologica 19, 1986, S. 179–207
Blankenburg 1952
Walter Blankenburg: *Abschließendes Wort des Schriftleiters,* in: Musik und Kirche 20, 1952, S. 110–111
Bornefeld 1952
Helmut Bornefeld: *Walchas Reger-Verdikt kritisch betrachtet,* in: Musik und Kirche 20, 1952, S. 49–52
Bosch 1963
Werner Bosch: *Wie Regers Orgelspiel für die Nachwelt festgehalten wurde,* in: MMRI 14, 1963, S. 16–19
Briefe 1956
Ottmar Schreiber (Hrsg.): *Max Reger. Briefe zwischen der Arbeit,* Bonn 1956 (Veröffentlichungen des Max-Reger-Instituts/Elsa-Reger-Stiftung Bonn. 3. Heft)
Briefe 1973
Ottmar Schreiber: *Max Reger. Briefe zwischen der Arbeit. Neue Folge,* Bonn 1973 (Veröffentlichungen des Max-Reger-Instituts/Elsa-Reger-Stiftung Bonn. 6. Heft)
Briefwechsel Herzog Georg
E. u. E. H. Müller von Asow (Hrsg.): *Max Regers Briefwechsel mit Herzog Georg II von Sachsen-Meiningen,* Weimar 1949
Bunk 1958
Gerard Bunk: *Liebe zur Orgel,* Dortmund 1958 (18. Veröffentlichung der Gesellschaft der Orgelfreunde)
Busch 1973
Hermann J. Busch: *Max Reger und die Orgel seiner Zeit,* in: Musik und Kirche 43, 1973, S. 63–73

Catalog Dinse 1897
Catalog der Orgelbau-Anstalt Gebrüder Dinse, Berlin 1897, Nachdruck Berlin 1980 (Faksimile-Ausgaben zur Orgelbaugeschichte, I.)
Coenen 1935
Paul Coenen: *Max Regers Variationenschaffen*, phil. Diss. Berlin 1935

Dejmek 1930
Gaston Roman Dejmek: *Der Variationszyklus bei Max Reger*, phil. Diss. Bonn 1930 (auszugsweise im Druck Essen 1930)
Dreimüller 1962
Karl Dreimüller: *Karl Straubes Sauer-Orgel in Wesel*, in: Studien zur Musikgeschichte des Rheinlandes II. Karl Gustav Fellerer zum 60. Geburtstag, Köln 1962 (Beiträge zur rheinischen Musikgeschichte. Heft 52), S. 55–70
Dürr 1952
Alfred Dürr: *Vor dem Tribunal der Orgelbewegung*, in: Musik und Kirche 20, 1952, S. 98–102
Dürr 1978
Alfred Dürr: *Zur geistlichen Musik Max Regers*, in: W. Wiora u. a. (Hrsg.): *Religiöse Musik in nicht-liturgischen Werken von Beethoven bis Reger*, Regensburg 1978 (Studien zur Musikgeschichte des 19. Jahrhunderts. Bd. 51), S. 195–219

Elsa Reger 1930
Elsa Reger: *Mein Leben mit und für Max Reger*, Leipzig 1930

Fischer 1910
Walter Fischer: *Über die Wiedergabe der Orgelkompositionen Max Regers*, Köln 1910
Fortner 1952
Wolfgang Fortner: *Zu Helmut Walchas Aufsatz „Regers Orgelschaffen kritisch betrachtet“*, in: Musik und Kirche 20, 1952, S. 52–55
Frotscher 1936
Gotthold Frotscher: *Geschichte des Orgelspiels und der Orgelkomposition*, 2. Bd., Berlin 1936
Funk-Hennigs 1981
Erika Funk-Hennigs: *Karl Straubes Berufung an den Willibrordi-Dom in Wesel*, in: Beiträge zur Musikgeschichte der Stadt Moers, Kassel 1981 (Beiträge zur Rheinischen Musikgeschichte. Heft 130), S. 69–80

Gatscher 1924
Emanuel Gatscher: *Einige Bemerkungen zum Studium Regerscher Orgelwerke*, in: MMRG 4, 1924, S. 2–8
Gatscher 1925
Emanuel Gatscher: *Die Fugentechnik Max Regers in ihrer Entwicklung. Ein Beitrag zur Erkenntnis des Regerschen Fugenstils*, phil. Diss. Bonn 1924, Druck Stuttgart 1925
Geffert 1968
Hans Geffert: *Zur Dynamik der Regerschen Orgelwerke*, in: MMRI 17, 1968, S. 1–6
Geffert 1973
Hans Geffert: *Die Orgelwerke von Max Reger*, in: MMRI Sonderheft, 1973, S. 28–33

Haas 1971
Rosalinde Haas: *Das Problem einer werkgetreuen Interpretation der Orgelkompositionen von Max Reger*, in: MMRI 18, 1971, S. 48–50
Hagmann 1984
Peter Hagmann: *Das Welte-Mignon-Klavier, die Welte-Philharmonie-Orgel und die Anfänge der Reproduktion von Musik*, Bern 1984 (Europäische Hochschulschriften. Reihe XXXVI, Bd. 10)
Handke 1960
Erna Handke: *Vom Reger-Spiel auf unseren Orgeln*, in: MMRI 11, 1960, S. 32–35
Haselböck 1973
Hans Haselböck: *Max Reger als Orgelkomponist – noch oder wieder modern?*, in: Österreichische Musikzeitschrift 28, 1973, S. 132–140
Hasse 1932
Karl Hasse: *Max Regers Orgelmusik und die neuere Orgelbewegung*, in: MMRG 1932, S. 11–15
Haupt 1968
Hartmut Haupt: *Max Regers letztes Orgelwerk op. 135b*, in: MMRI 17, 1968, S. 6–12

Haupt 1977
Hartmut Haupt: *Max Regers symphonisches Orgelschaffen – Introduktion, Passacaglia und Fuge op. 127,* in: Musik und Kirche 47, 1977, S. 225–232
Haupt 1979
Hartmut Haupt: *Symphonische Phantasie und Fuge op. 57 – ein Markstein in Max Regers Orgelschaffen,* in: Musik und Kirche 49, 1979, S. 120–126
Haupt 1985
Hartmut Haupt: *Orgeln im Bezirk Suhl,* Meiningen 1985
Hoffmann 1963
Herbert Manfred Hoffmann: *Gedanken zur heutigen Interpretation Regerscher Orgelmusik,* in: MMRI 14, 1963, S. 26–28
Hofmann 1952
Friedrich Hofmann: *Auch ein theologisches Problem,* in: Musik und Kirche 20, 1952, S. 102–104
Huesgen 1935
Rudolf Huesgen: *Der junge Max Reger und seine Orgelwerke,* phil. Diss. Freiburg 1935
Högner 1953
Friedrich Högner: *Das Gesetz der Orgel. Max Reger und der moderne Orgelbau,* in: Musik und Kirche 23, 1953, S. 94–100
Högner 1966
Friedrich Högner: *Bekenntnis zu Max Reger,* in: Musica sacra 86, 1966, S. 342–347
Högner 1968
Friedrich Högner: *Max Reger und die deutsche Orgelbewegung,* in: Ars Organi, 1968, S. 1153–1158
Högner 1971
Friedrich Högner: *Zur Darstellung der Orgelwerke Max Regers,* in: Musik und Kirche 41, 1971, S. 302–307
Högner 1974
Friedrich Högner: *Karl Straube und die mißbrauchte Musikphilologie,* in: Musik und Kirche 44, 1974, S. 280–285 (zu Stockmeier 1974)

Kalkoff 1950
Artur Kalkoff: *Das Orgelschaffen Max Regers im Lichte der deutschen Orgelerneuerungsbewegung,* Kassel 1950
Keller 1923
Hermann Keller: *Reger und die Orgel,* München 1923

Lindner 1922
Adalbert Lindner: *Max Reger. Ein Bild seines Jugendlebens und künstlerischen Werdens,* Stuttgart 1922
Lorenzen 1982
Johannes Lorenzen: *Max Reger als Bearbeiter Bachs,* Wiesbaden 1982 (Schriftenreihe des Max-Reger-Instituts Bonn Bad-Godesberg, Bd. II)

Manz 1978
André Manz: *Max Reger als Orgelkomponist – „Extremer Fortschrittsmann"?,* in: *Reger-Studien 1,* Festschrift für Ottmar Schreiber zum 70. Geburtstag am 16. Februar 1976, hrsg. v. G. Massenkeil u. S. Popp, Wiesbaden 1978, S. 105–117
Marki 1975
Paul-Martin Marki: *The three Chorale-Fantasies op. 52 of Max Reger. Commentary and practical edition,* Diss. University of Rochester 1975
Matthaei 1949
Karl Matthaei: *Vom Orgelspiel.* 2. Aufl. Leipzig 1949
Metzger 1966
Hans-Arnold Metzger: *Max Regers geistliche Chorwerke und sein Orgelschaffen,* in: Musik und Kirche 36, 1966, S. 213–234
Müller 1976
Walter Müller: *In Memoriam Arno Landmann (23. 10. 1887 bis 10. 5. 1966),* in: Ars Organi 24, 1976, S. 18–20

Niemann 1966
Helmut Niemann: *Max Reger in München,* in: *Max Reger zum 50. Todestag. Eine Gedenkschrift.* Hrsg. V. Ottmar Schreiber, Bonn 1966 (Veröffentlichungen des Max-Reger-Instituts/Elsa-Reger-Stiftung. H. 4), S. 7

Phillips 1958
Gordon Phillips: *The Technique of Trio-playing based on Reger's Compositions in Trio-form,* in: M. Hinrichsen (Hrsg.): *Organ and Choral Aspects and Prospects,* London–New York 1958, S. 81–83
Plodek 1986
Wolfgang Plodek: *Kultur auf dem Lande – Aspekte aus dem Leben des Ludwig Sauer,* in: Mitteilungen der Arbeitsgemeinschaft für Mittelrheinische Musikgeschichte, Heft 50, 1986, S. 427–440

Quoika 1952
Rudolf Quoika: *Max Regers Orgelschaffen – heute? Eine Stellungnahme für Max Reger,* in: Musik und Kirche 20, 1952, S. 57–61

Rahner 1936
Hugo Ernst Rahner: *Max Regers Choralfantasien für die Orgel. Eine Studie über Grundlagen und Werden des Regerschen Orgelstils,* Kassel 1936 (Heidelberger Studien zur Musikwissenschaft. 5.)
Reger-Konzerte 2
Max Reger in seinen Konzerten. Teil 2. Programme der Konzerte Regers, zusammengestellt von Ingeborg Schreiber, Bonn 1981 (Veröffentlichungen des Max-Reger-Instituts/Elsa-Reger-Stiftung Bonn Bd. 7, T. 2)
Reimann 1889
Heinrich Reimann: *Über den Vortrag der Orgelkompositionen Johann Sebastian Bachs,* in: H. R., *Musikalische Rückblicke,* Bd. 2, Berlin 1900, S. 131 ff.

Sbach 1924
Georg Sbach: *Max Reger im Kolberger Dom,* in: MMRG 1923, S. 8–9
Schaarwächter 1963
Gerda Schaarwächter: *Die Orgelfuge bei Max Reger,* in: MMRI 14, 1963, S. 19–26
Schreiber 1973
Ottmar Schreiber: *Zur Frage der gültigen Fassung von Regers Orgelopus 135 b,* in: MMRI 19, 1973, S. 34–38
Stein 1939
Fritz Stein: *Max Reger,* Potsdam 1939 (Die großen Meister der Musik, ohne Bandzählung)
Stockmeier 1974
Wolfgang Stockmeier: *Karl Straube als Reger-Interpret,* in: *Max Reger 1873–1973. Ein Symposium,* hrsg. v. Klaus Röhring, Wiesbaden 1974, S. 21–29
Stockmeier 1975
Wolfgang Stockmeier: *Preußisch-Bayerisches,* in: Musik und Kirche 45, 1975, S. 129 (zu Stockmeier 1974/Högner 1974)
Straube 1976
Karl Straube: *Wirken und Wirkung.* Hrsg. v. C. u. H. Held, Berlin 1976
Straube-Briefe 1952
Karl Straube: *Briefe eines Thomaskantors,* hrsg. v. W. Gurlitt u. H.-O. Hudemann, Stuttgart 1952
Straube-Briefe 1986
Max Reger. Briefe an Karl Straube, hrsg. v. Susanne Popp, Bonn 1986 (Veröffentlichungen des Max-Reger-Instituts/Elsa-Reger-Stiftung Bonn Bd. 10)
Straube Festschrift
Karl Straube zu seinem 70. Geburtstag. Gaben der Freunde, Leipzig 1943

Thienhaus 1952
Erich Thienhaus: *Zum Problem „Reger und die Orgel",* in: Musik und Kirche 20, 1952, S. 104–106
Trevor 1958
C. H. Trevor: *The Organ Music of Max Reger and its Performance,* in: Max Hinrichsen (Hrsg.): *Organ and Choral Aspects and Prospects,* London–New York 1958, S. 78–81
Troebliger 1943
Carl Friedrich Troebliger: *Die Suite im Schaffen Max Regers,* phil. Diss. Frankfurt 1943

Walcha 1952a
Helmut Walcha: *Regers Orgelschaffen kritisch betrachtet,* in: Musik und Kirche 20, 1952, S. 2–14

Walcha 1952b
Helmut Walcha: *Noch ein Wort zur Aussprache,* in: Musik und Kirche 20, 1952, S. 106–110
Walcker 1948
Oscar Walcker: *Erinnerungen eines Orgelbauers,* Kassel 1948
Walcker-Mayer 1974
Werner Walcker-Mayer: *Die Orgel der Reger-Zeit,* in: *Max Reger 1873–1973. Ein Symposion,* hrsg. v. H. Röhring, Wiesbaden 1974, S. 31–54
Walter 1949
Rudolf Walter: *Max Regers Choralvorspiele für Orgel,* masch. phil. Diss. Mainz 1949
Walter 1952
Rudolf Walter: *Die Gesangbuchquellen der Choralbearbeitungen Max Regers,* in: Kirchenmusikalisches Jahrbuch 36, 1952, S. 64–76
Walter 1953
Rudolf Walter: *Max Regers Choralvorspiele op. 67 und 79b in ihrem Verhältnis zu J. S. Bach und vorbachschen Meistern,* in: Kirchenmusikalisches Jahrbuch 37, 1953, S. 103–114
Walter 1954a
Rudolf Walter: *Max Regers Choralvorspiele in ihrer Auseinandersetzung mit geschichtlichen Vorbildern,* in: Kirchenmusikalisches Jahrbuch 38, 1954, S. 94–107
Walter 1954b
Rudolf Walter: *Die Formtypen in Max Regers Choralvorspielen,* in: MMRI 2, 1954, S. 12–16
Walter 1956
Rudolf Walter: *Max Regers Choralvorspiele,* in: Kirchenmusikalisches Jahrbuch 40, 1956, S. 127–138
Walter 1974a
Rudolf Walter: *Entstehung, Uraufführung und Aufnahme von Max Regers op. 127,* in: MMRI 20, 1974, S. 30–53
Walter 1974b
Rudolf Walter: *Max Regers Beziehungen zur katholischen Kirchenmusik,* in: *Max Reger 1873–1973. Ein Symposion,* hrsg. v. Klaus Röhring, Wiesbaden 1974, S. 123–148
Walter 1978
Rudolf Walter: *Max Regers Kirchenkonzerte in Thüringen 1912–1916 und ihre Beziehung zu seinem Schaffen,* in: *Reger-Studien 1.* Festschrift für Ottmar Schreiber zum 70. Geburtstag am 16. Februar 1976. Hrsg. v. G. Massenkeil u. S. Popp, Wiesbaden 1978 (Schriftenreihe des Max-Reger-Instituts Bonn Bad Godesberg. Bd. 1)
Weyer 1969
Martin Weyer: *Die deutsche Orgelsonate von Mendelssohn bis Reger,* Köln 1969 (Kölner Beiträge zur Musikforschung, Bd. LV)
Weyer 1975
Martin Weyer: *Aktuelle Probleme des Regerspiels, dargestellt an der Choralfantasie op. 30,* in: Ars Organi 23, 1975, S. 2209–2215
Wilhelmer 1928
Ambros Wilhelmer: *Die Choralphantasien Max Regers.* phil. Diss. Wien 1928
Wunderlich 1973
Heinz Wunderlich: *Zur Bedeutung und Interpretation von Regers Orgelwerken,* in: Musik und Kirche 43, 1973, S. 7–16

Die Notenbeispiele sind folgenden Ausgaben entnommen:

S. 36 f., 56 f.:	Sämtliche Werke Bd. 15, 16, Breitkopf & Härtel, Wiesbaden
S. 41:	Zehn Stücke op. 69, Universal-Edition, Wien
S. 42 ff.:	Choralfantasie op. 52 Nr. 1, Universal-Edition, Wien
S. 57 f.:	2. Sonate op. 60, Leuckart, München
S. 58:	Zwölf Stücke op. 65, Edition Peters, Frankfurt
S. 58:	Präludien und Fugen, hrsg. v. K. Straube, Edition Peters, Leipzig
S. 61:	J. S. Bach, Zweistimmige Inventionen . . ., Bote & Bock, Berlin
S. 67 ff.:	Symphonische Fantasie und Fuge op. 57, Universal-Edition, Wien

Die Autoren

Hermann J. Busch (geb. 1943) Dr. phil., Professor für Musikwissenschaft an der Universität Siegen, Lehrbeauftragter für Orgelkunde, Geschichte des Orgelbaus und der Orgelmusik an der Hochschule für Musik Köln

Bernhard Haas (geb. 1964) legte nach dem Studium der Kirchenmusik an der Hochschule für Musik Köln das A-Examen in Katholischer Kirchenmusik und die Reifeprüfung im Fach Orgel ab und studiert dort weiter Orgel, Klavier und Komposition

Susanne Popp (geb. 1944) Dr. phil., Geschäftsführendes Kuratoriumsmitglied des Max-Reger-Instituts Bonn

Heinz Wunderlich (geb. 1919) KMD, Professor für Orgel an der Staatlichen Hochschule für Musik Hamburg